航海知识库

环球航行 - circumnavigation

领航员 - navigator

指南针 - compass

星盘 - astrolabe

象限仪 - quadrant

八分仪 - octant

军械库 - armory

大海雀 - Great Auk

西班牙大型帆船
——500 多年前

轻快多桅小·帆船
——600 多年前

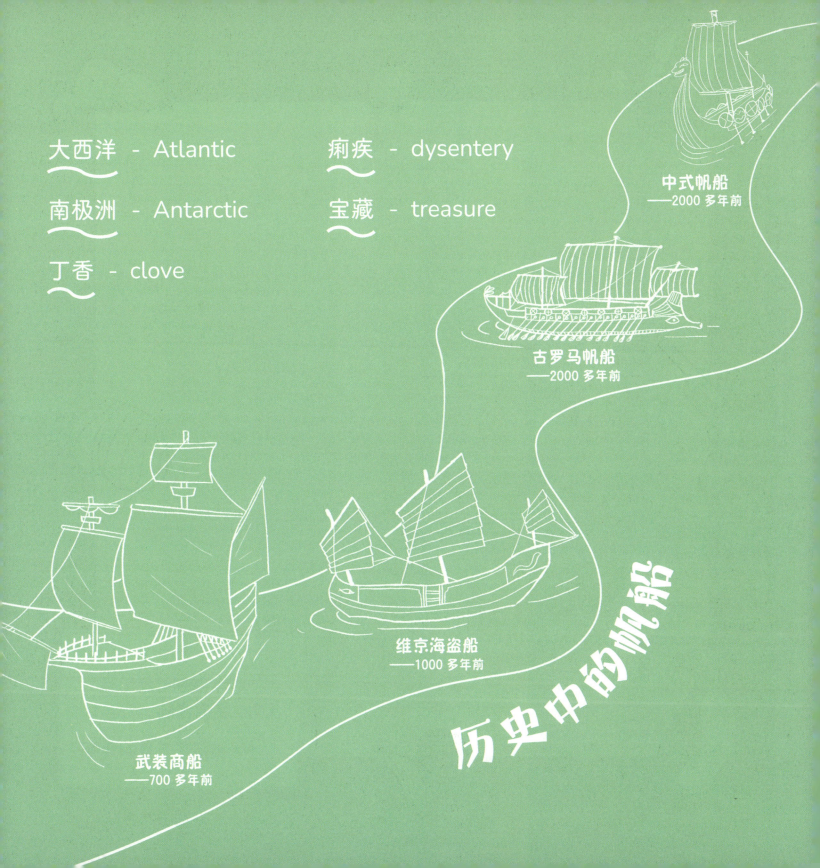

大西洋 - Atlantic

南极洲 – Antarctic

丁香 - clove

痢疾 - dysentery

宝藏 - treasure

中式帆船
——2000 多年前

古罗马帆船
——2000 多年前

维京海盗船
——1000 多年前

武装商船
——700 多年前

历史中的帆船

图书在版编目（ＣＩＰ）数据

世界第二. 1, 航海家篇 ／（英）法伦·菲利普斯著
绘 ; 焦东雨, 陆宇辰译. -- 天津 : 天津人民美术出版
社, 2023.7
ISBN 978-7-5729-1186-6

Ⅰ. ①世… Ⅱ. ①法… ②焦… ③陆… Ⅲ. ①航海—
科学家—列传—世界—少儿读物 Ⅳ. ①K811-49

中国国家版本馆CIP数据核字(2023)第122108号

世界第二1航海家篇
SHIJIE DIER 1 HANGHAIJIA PIAN

著 绘 者：[英]法伦·菲利普斯
译　　者：焦东雨　陆宇辰
出 版 人：杨惠东
策　　划：沈鹏
责任编辑：杨蕊
助理编辑：陈玉洁
技术编辑：何国起
装帧设计：叶思　谢卓航
出版发行：天津人民美术出版社
社　　址：天津市和平区马场道150号
邮　　编：300050
电　　话：(022)58352934
网　　址：http://www.tjrm.cn
经　　销：全国新华书店
印　　刷：溧阳市金宇包装印刷有限公司
开　　本：787毫米×1092毫米　1/12
版　　次：2023年7月第1版
印　　次：2023年7月第1次印刷
印　　张：12
定　　价：139.80元（全三册）

这本书献给我聪明的
父母，还有凯莉。

——法伦·菲利普斯

世界第二

1 航海家篇

[英]法伦·菲利普斯 著绘

焦东雨 陆宇辰 译

天津出版传媒集团

天津人民美术出版社

"世界第二"们的精神

人们真的只能记住第一名吗？

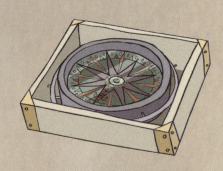

事实好像确实如此。第一位环球航行的航海家是麦哲伦，第一位登上月球的宇航员是阿姆斯特朗。你能一下子说出第二位是谁吗？

人类的历史似乎已经和"第一名"们牢牢捆绑——在一个领域中，第一名往往会获得更多的关注，拥有更多的资源。

但是，"第二名"就不重要了吗？

19世纪末，人类开启了征服世界第一高峰——珠穆朗玛峰的挑战。峰顶气候恶劣、氧气稀薄、温度极低、坡度陡峭。无数探险家们一次次挑战，又一次次失败。但随着经验的积累，他们能够抵达的位置离峰顶越来越近了。1953年，新西兰探险家埃德蒙德·希拉里和尼泊尔向导丹增·诺盖终于登顶成功！虽然两人荣誉加身，但有关他们的争论也随之而来：到底谁是第一名呢？尼泊尔流传着"丹增·诺盖拖着半昏迷状态的希拉里"踏上峰顶的故事，而西方世界的人们则把这次探险的成功归因于希拉里的领导。争议一直没有结果……或许，结果并没有那么重要？

事实上，没有两人的团结，谁也无法登顶；**没有前人的经验，又从何谈起"第一名"**？若将冰冷的记录还原成有血有肉的历史，我们不难发现，这些故事真正打动我们的，其实是这些**先驱者们的精神**，而不是他们身后的光环！

因此，"世界第二"们的故事同样值得人们讲述。他们有的人在某个领域是第二，在别的领域却是第一；有的人一辈子也没有当过第一名，但却为人类的发展做出了巨大的贡献；有的人有心争取，却和"第一名"失之交臂。有的时候，一个先驱者还不足以书写历史，只有当记录被第二次、第三次复制时，人们才能体会到它的重要性。

我们为什么也要讲"第二名"的故事？

在"世界第二"这套书里，我们要讲述的就是这样一系列关于"第二名"们的故事。

15~17世纪，欧洲进入了"地理大发现"时代，麦哲伦进行了人类历史上第一次环球航行。虽然他死在了航海途中，但他的船队却带回了详细的航海日志，里面记载了许多关于远洋航行的宝贵知识。

《世界第二1航海家篇》讲述的就是英格兰私掠船船长弗朗西斯·德雷克环球航行的故事。说来奇怪，在麦哲伦死后50多年的时间里，英格兰的统治者换了好几任，五洲七洋上每天奔波着无数的探险家和数不尽的商队，但就是没有一艘船再次踏上麦哲伦的航线。即使德雷克完成这次壮举也是偶然——至于为什么，我们先卖个关子，请小朋友们在书中寻找答案。

但"偶然性"并不能掩盖他的壮举在世界航海探索史上的重要意义。首先，德雷克活着回来了。其次，他的探索充实了英格兰的国库，这让统治者对航海的兴趣增加了。并且，他探索了许多麦哲伦没去过的地方，这进一步丰富了人们的远洋知识，使人们绘制的航海地图也越来越精准。

仅仅6年之后，带着德雷克的航海记录，英格兰人托马斯·卡文迪许进行了人类历史上的第三次环球航行。这一次，他的环球航行用时比德雷克少了整整9个月。

我们生活在一个"崇尚第一"的时代，我们也应当承认开创者们的伟大。然而，如果没有更多后继者们去传承、延续、继往开来。那么，许多伟大的事业也将无法取得最终的成果，更无法真正为人类生活带来质的飞跃。如果没有前辈开拓者带来的经验与知识，如今的我们怎么能享受如此高度繁荣的文明呢？

一说起**"进化论"**，我们肯定会想起**达尔文**。1859 年，达尔文发表了后来被誉为现代生物学基石的**《物种起源》**，一时间洛阳纸贵。但你也许不知道，1858 年夏天，如果没有一封来自遥远东方热带雨林的信，达尔文差点打消了发表《物种起源》的念头。

《世界第二2科学家篇》的主人公正是这封信的作者**阿尔弗雷德·华莱士**。在华莱士那个年代，人们渐渐发现生物并不是"神"创造之后一成不变的。物种会演化吗？一些科学家们坚信：是的！

为了让更多的人信服，科学家们就要拿出让人信服的解释。他们提出了许多理论，但总是有这样那样的漏洞。华莱士和许多科学家坚信，物种的演化不可能是错的，这个"物种起源"的问题一定有一个答案，它就静静地躺在角落里，等待人们发现……

远行探险、实地调查需要大量经费。所以那时候当"科学家"的人，或多或少都有些贵族背景，拿得出大把的钱。但华莱士很穷，他好几次差点破产，甚至要靠卖标本筹措经费。此外，他的身体也不好，总是病倒在调查途中。最惨的是，他花费数年在亚马孙雨林中收集的标本，大部分都毁于一次船难。

然而，正是在贫穷和疾病中，在远离人类文明的热带雨林中，华莱士在思考中得到了他一直寻找的答案。而华莱士开始思考时，马尔萨斯的**《人口论》**已经发表了整整**60 年**。蓦然回首，那人却在，灯火阑珊处！

1858 年，华莱士写了一封阐述自然选择原理的信给达尔文。此时，达尔文的《物种起源》已经快写完了。据说，看过信后，达尔文惊呼："我被人捷足先登了！"他甚至打算回信给华莱士，承认华莱士是"第一名"。但达尔文的朋友们知道，达尔文对进化论的研究已经持续了十多年，他对进化论的理解比华莱士要深刻得多。最终，他们劝说达尔文发表了和华莱士共同署名的文章。

第二年，《物种起源》出版了。

达尔文和华莱士后来成为要好的朋友，他们的**谦虚和团结**也成就了科学史上的一段佳话。除了进化论，华莱士还给生物学贡献了许许多多的成果——至于它们都有哪些，请你亲自在书中找一找吧。

19世纪的美国,社会变革非常剧烈。人们把铁轨铺满新开垦的土地,开矿淘金,开采石油……科学发明被转化为实际应用,带动**生产力**的发展。新发明就是新财富,一大批像爱迪生一样的发明家每天都在捣鼓新玩意儿,专利的申请书像雪花一样堆满了专利局的房间。

《世界第二 3 发明家篇》讲述的是两位发明家**亚历山大·贝尔**和**伊莱沙·格雷**以及专利 US174465A——**电话**的故事。互不知情的两个人几乎同时申请了用电磁装置即时传递语音的机器(也就是最初的商用电话)专利。人类历史上第一次有望实现大规模地让相隔千里的人们实时沟通交流的"天方夜谭"!

人们传说,贝尔和格雷在同一天赶到专利局申报自己的发明,但因为一些如今已经无法求证的细节问题,格雷不幸地失去了发明商用电话的荣誉。而真实的故事比流传的要复杂得多,人们甚至还列出了许多其他可能发明了电话的发明家。争议从来没有停止过。

在上一个故事中,**"第二名"的华莱士**开始研究进化论的时间比**"第一名"的达尔文**晚了十几年。但在电话这个彻底改变人类生活方式的发明上,两名站在历史前沿的科学家,走得却如此接近。试想一下:如果是格雷的**"湿式传声装置"**率先获得了专利,那么今天我们每个人的手机上会不会都要装上一个小水箱呢?

除了电话,格雷还发明了几十种新的装置,它们有的已经失去了使用价值,有的为新的发明奠定了基础。格雷也许永远不会成为"电话发明比赛"的"第一名"了,但我们仍然感激他为人类进步做出的贡献。

在麦哲伦的时代里,人们埋头在自己熟悉、狭小的环境里生活,只是偶尔向远方投以好奇的目光。而如今,人们从书籍和影像中了解各种信息,学校把人类几千年来积累的知识分门别类,一点点教授给学生们。探索和拓展人类的边界成为科学活动的意义!人类正在变得比以往任何时候都更勇敢、更广博、更好奇——这正是"世界第二"们的精神所在。

再回到这个问题,"第二名""第三名"们真的默默无闻吗?斯蒂芬·茨威格在《人类群星闪耀时》中特意为世界上第二支抵达南极点的探险队——斯科特一行人写下了《征战南极》。他们是"第二名"没错,但世界同样记住了他们——美国南极点科学考察站的名字就叫作**"阿蒙森–斯科特站"**。

亲爱的小朋友们,名次并不能代表成就,眼下也不能代表未来。决定未来的,只有不断**努力**的自己!

目　录

德雷克的童年 /2

16 世纪的家庭生活 /3

走向海洋 /4

16 世纪的导航工具 /6

德雷克与西班牙人的恩怨 /8

帝王之怒 /10

香料贸易 /11

德雷克的金鹿号 /12

大海雀的噩梦 /14

海洋风暴，船只坟墓 /15

一波未平，一波又起 /16

报告船长，宝藏出现！ /17

加利福尼亚 /18

著名的西北航道 /19

恶心的水手干粮 /20

旧时的世界 /21

香料群岛与苏丹 /22

都是丁香惹的祸 /24

返航回家 /25

功成名就！ /26

安度余生？ /27

火船计！ /29

最后的远征 /30

永别了，德雷克！ /31

第一个环球航行的航海家：
    斐迪南·麦哲伦 /32

麦哲伦与德雷克 /34

谜题答案 /36

德雷克的童年

德雷克家族

弗朗西斯·德雷克的故事要从16世纪都铎王朝统治下的英格兰(当时的英国还没完成统一)讲起。我们不知道他确切的出生日期,只知道他大约出生于1540年。他是家里12个男孩中的老大。儿时的德雷克喜爱大海,渴望成为一名水手。

和现在相比,当时的生活条件不好,医疗也不发达。父母们只有尽可能多生多育,才能保证有一部分孩子可以顺利长大成人。农场人家为了有更多的劳力去地里干活,也会生育更多的孩子。所以当时兄弟姐妹众多是常见现象。

想象一下,有那么多兄弟跟你拌嘴……啧啧啧,光是想想我都头大。

16世纪的家庭生活

　　德雷克一家住在英格兰德文郡克朗代尔农场一座石头建造的小农舍里，他们的家族已经在这一带生活了100多年。那时的家庭生活与现在差别很大。男孩们从五岁起就要帮家里干活，晚上再挤在同一间卧室里睡觉！

　　后来，德雷克被送到普利茅斯与远方表叔威廉·霍金斯一起生活，这也是他航海生涯的开端。

农舍挨着畜棚。房子通常离动物很近，气味很难闻！

那时的房子一般只用室内壁炉取暖，不像现在通常都有暖气或空调。

在汽车出现之前，人们骑马出行。大多数家庭都有马，可以骑马四处走动，在农场里也用马拉沉重的货车。

房子里没有厕所和自来水。你得去外面一个臭烘烘的小屋里，在桶里方便。

人们每周用货车把厕所里的排泄物运出来，倒进河里或者当作庄稼的肥料。

很多家庭的居住空间都很狭小，所以会把一些孩子送到拥有大房子的亲戚家生活。

走向海洋

德雷克的远房表叔威廉·霍金斯是一名船长，德雷克很喜欢听远房表叔讲述海上冒险的故事。德雷克十几岁的时候，就到一艘商船上当起了学徒，担任领航员*。他表现得很好，学得也很快。最后，德雷克自己也当了船长。

德雷克的远房表叔说自己是为英格兰女王效力的船长，其实就是海盗！当时，女王命令他们劫掠敌国的商船，抢夺财物。他们会将一部分战利品献给女王。

*领航员需要掌握的技能包括：发现风暴来临的迹象，会看地图，会使用导航设备，以及通过星星来定位自己所处的位置。

当时的欧洲已经进入地理大发现的时代。欧洲人意识到，他们居住的"欧洲"只是整个世界的一小部分，而他们居然对剩下的世界都一无所知！在德雷克的时代，西班牙人和葡萄牙人是航海的主力。其中最厉害的是西班牙，它在非洲和美洲建立了许多殖民地，并且一直派遣探险者前往未知之地"收集"珍宝和香料。靠着殖民地的贸易收入，西班牙远比英格兰富裕强大。

还记得麦哲伦吗？他是一名为西班牙国王效力的葡萄牙人。为了帮西班牙国王寻找去"香料群岛"的捷径，他才出发去环球航行的。

谁能参与海洋贸易，谁就能让自己的国家强大起来。所以，女王派遣德雷克学习西班牙人的方法在大西洋上"做贸易"。德雷克去了西班牙殖民地，要和他们做买卖。可是，西班牙人不喜欢英格兰人，他们拒绝了德雷克。一气之下，暴躁的德雷克放火烧毁了西班牙殖民地的城镇，还拿枪威胁他们。殖民者们只好和德雷克做了交易。西班牙国王费利佩二世听说这件事之后非常生气，但是他暂时也拿德雷克没有办法。

16 世纪的导航工具

那时候，水手们可没有 GPS（全球定位系统），要是不会使用导航工具，在海上迷路的时候可就什么办法也没有了！

那时候，男孩 8 岁就得上船做体力活，以此获得学习的机会。而有些朋友竟然还不喜欢学校……

罗盘

罗盘利用地球的磁场保持指针指向北方或南方。图中的罗盘出自 1544 年的一份波特兰航海图。它标出的 16 个方位像玫瑰花瓣一样，所以它也被叫作"罗经花"。罗盘可以为人们指示正确的行进方向。人们至今还在使用罗盘！

星盘

星盘，即天体观测仪，有很多种用途，最常见的是测量地平线与太阳或北极星之间的角度。因为地球是圆的，所以水手们可以通过地平线和星星的相对位置来判断自己离赤道有多远。历史学家们认为它在 2000 多年前就已经存在了。

象限仪和八分仪

象限仪又叫四分仪，许多年之后，人们又发明了八分仪。八分仪相当于用镜子与目镜对象限仪进行了升级。它们也有很多用途，可以测经度、纬度或当地的时间。

地图

地图上分布着间隔均匀的水平线（纬线）和垂直线（经线）。人们可以利用经线、纬线的交叉在地图上标记出任意的地点。

你瞧，德雷克正在和手下攻打一艘西班牙商船。
船舱的底部藏着一箱金银珠宝！

你能一边躲开大炮，一边
找到藏在船上的宝藏吗？

德雷克与西班牙人的恩怨

你们这帮骗子！

1568 年的一天，德雷克与表哥约翰·霍金斯（威廉·霍金斯的二儿子）的船队准备在墨西哥圣胡安乌鲁亚港短暂停靠修整。但这座港口隶属西班牙殖民者，更危险的是，当时刚好有 13 艘西班牙战船在他们身后靠岸。约翰设法与战船上的人达成了协议：只要英格兰人不惹麻烦、修好船离开，西班牙人便放过他们。可西班牙人发动了突袭，德雷克一行人寡不敌众，一败涂地，最后足足损失了 500 余人。从那以后，德雷克就非常憎恨西班牙人。

我们也用不着同情德雷克，他之前可没对西班牙人仁慈。更加过分的是，德雷克当时没有支援表哥约翰，竟然自己逃跑了！约翰带着仅剩的 14 个手下死里逃生，他对自己的表弟相当不满！

德雷克为了报复西班牙人，一有机会就抢他们的东西。他甚至在一群马隆人*的指引下策划了一起"骡车队劫案"。马隆人把西班牙骡车队运送金银的路线告诉了德雷克。德雷克和手下提前埋伏在西班牙殖民地附近的森林里，袭击了正在穿越森林的车队，抢走了宝藏！

*马隆人是一群逃离了西班牙人奴役的非洲人。他们比德雷克更恨西班牙人，而且知道很多西班牙人的内部消息。

哟！

德雷克和手下带着财宝跑到海边，却发现他们的船不见了！德雷克灵机一动，命令手下扎了个木筏。他们乘着木筏漂到了最近的岛上。好在当时船上的人只是为了躲避西班牙人才把船藏了起来，他们第二天就回来接德雷克了。

帝王之怒

发生了"骡车队劫案"等一系列事情之后，西班牙国王费利佩二世对德雷克忍无可忍。他写信给英格兰女王，要求女王惩罚德雷克。当时的西班牙比英格兰强大很多，为了避免战争，女王伊丽莎白一世召唤德雷克来到宫廷。

德雷克非常害怕。伊丽莎白一世女王脾气不太好，德雷克希望他的脑袋能安安分分地待在自己的脖子上。

但女王并没有惩罚他，而是交给他一项秘密任务。

她给了德雷克一整支舰队，让他去新大陆和其他地方进行探索。

香料贸易

遥远的地方有什么？在那个时候，欧洲人发现，通过与东方国度开展"贸易"，可以获取珍贵的香料。这些香料包括：肉桂、丁香、肉豆蔻、肉豆蔻衣、胡椒、小豆蔻、孜然、藏红花等。

粗心的水手把几种调味品混在了一起，你能在下面的宝箱里找到它们吗？

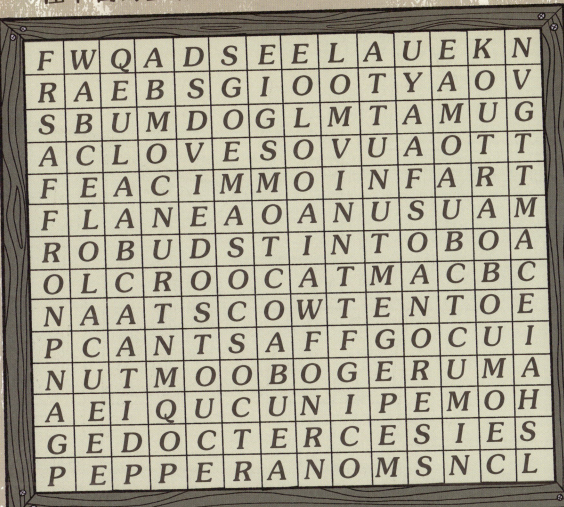

```
F W Q A D S E E L A U E K N
R A E B S G I O O T Y A O V
S B U M D O G L M T A M U G
A C L O V E S O V U A O T T
F E A C I M M O I N F A R T
F L A N E A O A N U S U A M
R O B U D S T I N T O B O A
O L C R O O C A T M A C B C
N A A T S C O W T E N T O E
P C A N T S A F F G O C U I
N U T M O O B O G E R U M A
A E I Q U C U N I P E M O H
G E D O C T E R C E S I E S
P E P P E R A N O M S N C L
```

肉桂（cinnamon）

丁香（clove）

肉豆蔻（nutmeg）

肉豆蔻衣（mace）

胡椒（pepper）

小豆蔻（cardamom）

孜然（cumin）

藏红花（saffron）

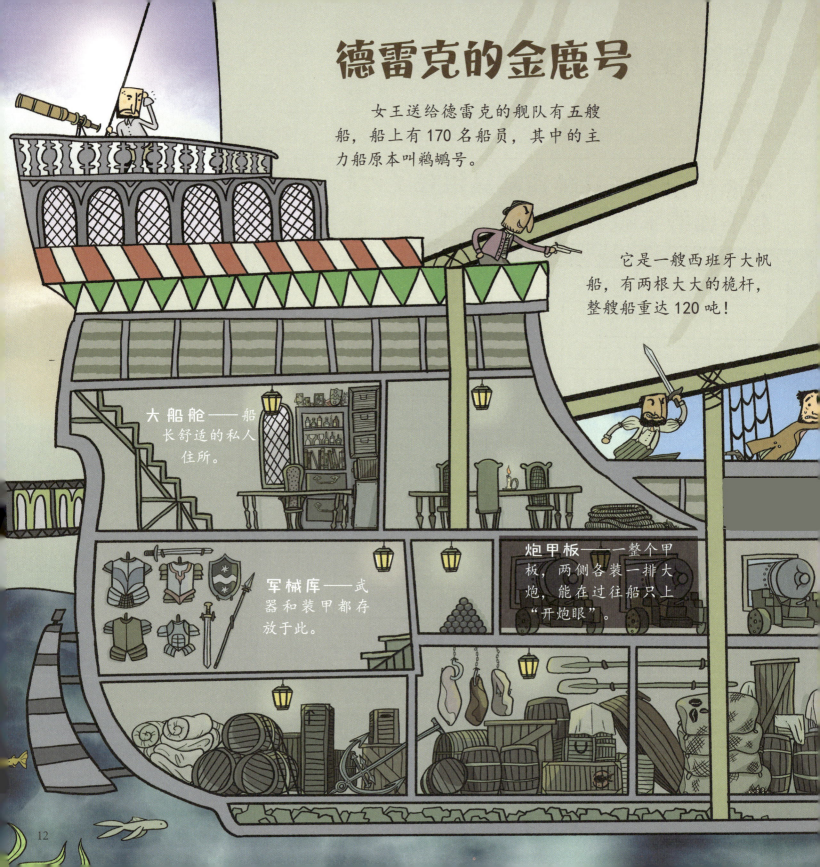

德雷克的金鹿号

女王送给德雷克的舰队有五艘船，船上有 170 名船员，其中的主力船原本叫鹈鹕号。

它是一艘西班牙大帆船，有两根大大的桅杆，整艘船重达 120 吨！

大船舱——船长舒适的私人住所。

军械库——武器和装甲都存放于此。

炮甲板——一整个甲板，两侧各装一排大炮，能在过往船只上"开炮眼"。

那时有个有钱有势的权贵，名叫克里斯托弗·哈顿，他的家族徽章是一头金鹿。为了讨好他，德雷克将鹈鹕号改名为金鹿号，甚至请人在船头雕刻了一只木制的雌鹿！

金鹿号的船身刷满了深紫色的油漆，非常好辨认。

这家伙可真会溜须拍马！不过金鹿号后来倒是在英格兰家喻户晓。环球航行结束后，德雷克把它送给了英格兰的德特福德造船厂展览。德雷克去世54年后它完全烂成了一堆朽木。1973年，人们复原了一艘金鹿号。现在，这艘复制品仍然停泊在伦敦的港口，供游客观赏。

前甲板——水手们住的地方。

船舱——一个巨大的空间，可以存放数周的食物和其他补给，以及收集到的珍宝。

禁闭室——用来关押不听话的水手。

压舱物——船底装满了沉重的石块，用来保持船身不倒。

大海雀的噩梦

刚一出海，德雷克和船员们就遭遇了风暴，被困两个月之久，那段时间他们几乎吃光了所有的食物。于是，他们只能吃企鹅。

呃……差不多算是企鹅吧，那是北大西洋附近一种叫大海雀的鸟类。它们的样子很像企鹅：身体肥硕、不会飞、黑白相间。德雷克和船员们用木板把它们赶上船，饱餐一顿。

大海雀行动缓慢、易于捕捉。后来，由于人类的活动，它们渐渐地灭绝了，如今人们再也看不到它们的身影。

大海雀

可怜的兄弟！还好我会飞！这群海盗不知道害了我多少同胞！

海洋风暴，船只坟墓

　　穿越大西洋时，一场风暴令德雷克损失了两艘船：天鹅号和克里斯托弗号。经过麦哲伦海峡后，他遇到了另一场风暴，又失去了伊丽莎白号和玛丽金号。

　　风暴平息后，德雷克指挥仅存的金鹿号驶入太平洋。那里全是西班牙船只……

哟！小心！

一波未平，一波又起

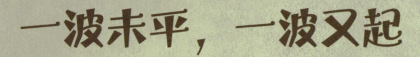

德雷克一行人航行到莫查岛（现属于智利），当地居民马普切人以为他们是西班牙人，发动了袭击。德雷克和大部分船员活着逃了出来，向北驶去。

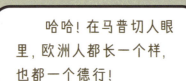

哈哈！在马普切人眼里，欧洲人都长一个样，也都一个德行！

马普切人和西班牙人有什么仇呢？原来，西班牙侵略者不仅想夺走马普切人的家园和黄金，还反对他们的信仰，所以一直攻击、折磨他们。马普切人坚毅而刚强，坚持为自由和独立而战。

报告船长，
宝藏出现！

  不久，德雷克听说前方有一艘西班牙宝藏船，名叫卡卡弗戈号（这其实是英格兰人给它起的粗俗名字，意思是"屁股喷火的家伙"），便前去攻击。此前太平洋上从未出现过英格兰人，所以这场袭击完全超乎西班牙人的预料！

  德雷克袭击了卡卡弗戈号，夺得了一大笔财宝！但是他出人意料地善待了船上的西班牙人：帮受伤的船长圣胡安·德·安东清理伤口，还释放了船员们，甚至给了他们每人一些钱。看来他那天心情很不错。

德雷克和他的手下抢走了近 36 千克黄金——相当于 36 个菠萝的重量。

还有 26 吨银条——相当于 4 头霸王龙的重量！

以及 12 箱银币、成堆的珠宝和一个纯金十字架！

按今天的货币计算，这堆东西大约值 4 亿元人民币！想想有了这笔钱能买多少好东西！是我的话就来一座鸟食砌的城堡！

加利福尼亚

他们沿着北美洲一路航行。暴风雨突然袭来，金鹿号开始漏水，于是他们停在海滩上修补船只。德雷克将这个地方命名为新阿尔比恩，这在古希腊语中的意思是"新的英格兰"，并以女王的名义宣告对它的所有权——虽然这块土地并不算真的属于他或女王。

这个地方就是今天美国的加利福尼亚！

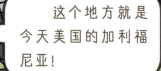

新阿尔比恩

为什么现在人们叫它加利福尼亚而不是新阿尔比恩呢？

因为，西班牙殖民者比德雷克更早到达那里。当时，西班牙有一部著名的浪漫骑士小说，叫《埃斯普兰迪安历险记》，里面描述了一个叫加利福尼亚的神秘岛屿。西班牙探险者以为他们找到了书里的岛，就这样给它命了名。

虽然"新阿尔比恩"命名失败，但加利福尼亚州却有一个以德雷克的名字命名的海湾——德雷克斯湾。

著名的西北航道

哟！啵嘞嘞嘞！出发！

德雷克的航线

德雷克本想沿北美洲北端航行再折返英格兰，抄近路回家，这条"近路"就是西北航道。当时，没有人能确定它是否真的存在。德雷克一直没有找到，他认为这条路要么根本不存在，要么太靠北，过于寒冷，人类无法安全通行。更糟糕的是，此时西班牙船只正在这片水域全力追捕他们。

别无选择的德雷克做了个勇敢的决定：环球航行回英格兰！这个决定让他和手下们成了第一批横渡太平洋的英格兰水手。

德雷克不知道的是，西北航道的确存在！因为严寒，这条航线十分凶险，直到 19 世纪 50 年代，才被一位名叫罗伯特·麦克卢尔的爱尔兰探险家发现。但那时根本没有人走完整段航程。距离德雷克的航行 300 多年后，挪威探险家罗阿尔德·阿蒙森于 1903 年开始，历经三年多成功穿越了西北航道。

19

恶心的水手干粮

想象一下在一艘臭船上困那么久……呸呸呸！幸好他们不晕船，要不然真是一场彻彻底底的噩梦。

生蛆的饼干——人们随船带着干燥的饼干，它们可以保存好几年，但也常常会生蛆。吃之前得在桌子上"梆梆梆"地敲几下，把虫敲掉。噫！

咸肉——晒干及腌渍的肉。盐可以防止变质，因此咸肉能保存很久。咸肉又硬又咸还难嚼，吃了以后很容易口渴。

海鲜——水手们会从海里抓东西煮来吃。他们离船上岸时，也常常会把沙滩上的海龟搬到船上，"以备不时之需"。

他们逃过了西班牙船只的追捕，又向西航行了六十多天。这可真是一段艰苦的旅程！他们的食物本来就供应不足，那时候也没有冰箱，唯一能吃的就是些不会变质的东西。由于吃不上水果和蔬菜，缺乏维生素C，水手们经常会患坏血病。坏血病让人骨头疼痛、牙龈发炎。等你下次挑食不愿意吃蔬菜的时候，想想这些水手吧！

旧时的世界

在汽车和飞机出现之前，人们只能骑马和乘船旅行。那时的旅途很耗时间，而且往往十分艰险。旅行不易，也就没有多少人知道世界的真实面貌，对陌生地区的认知大多要靠猜测。这就是为什么当时的世界地图和现在的差别那么大。

世界全图——16 世纪 70 年代的世界地图

将永恒尽收眼底，了解宇宙之浩瀚的人，怎么会在乎人类历史中的区区一刻？——西塞罗

你也许会注意到一个很大的不同，那就是地图底部南极洲的大小。那时候的人们只知道南极洲的存在，却不知道它是什么样子，通常将它称为"南方的未知之地"。人们猜测南极洲很大，所以画地图时，整个底部画的都是南极洲。

椰子蟹大部分时间生活在陆地上，只有在产卵时才会回到海里。它们能长到接近1米长，还能爬树，真新奇！在菲律宾一带可以看到它们的踪迹。

"爪哇杏仁"是他们偶然间发现的一种果实。它的树上结着一簇簇形貌奇异的果荚，里面是可以吃的种子，吃起来就像普通杏仁，但稍微甜一点。

香料群岛与苏丹

德雷克等人一路航行到了马鲁古群岛。这里正是当年麦哲伦想寻找的"香料群岛"！他们看到了以往从未见过的神奇生物，比如会爬树的"大螃蟹"和结在不知名树木上的陌生果实。

竟然还有欢迎会！苏丹为他们安排了表演，有和着鼓点整齐划桨的独木舟队与身着盛装列队迎接的战士们。德雷克为了出风头，又是鸣炮示礼，又是让船上的乐队奏乐，场面好不热闹！

统治着特尔纳特苏丹国的苏丹（苏丹是类似"国王"的领袖）与西班牙人打了好几年仗，他很快就和德雷克成了好朋友。

苏丹拥有很多丁香，那是欧洲人十分渴望的香料。德雷克和苏丹做了一笔交易，用一些盔甲和一枚金戒指换了六吨丁香。也不知道苏丹是怎么想的。

丁香由印度尼西亚一种神奇的红色花朵制成。它具有很强烈的气味，可以用来给南瓜派调味，或是插在橙子上，做成圣诞熏香。

都是丁香惹的祸

金鹿号满载着宝藏和丁香出发，可是不久它就被珊瑚礁卡住了。为了摆脱困境，船员们不得已扔下了八台大炮和三吨丁香。幸好这招奏效了，否则他们就真有麻烦了。

24

返航回家

你能帮他们找到安全返航的路线吗?

1580 年,他们在英格兰普利茅斯港靠岸,结束了为期两年零九个月的探险。最后,他们返回了英格兰。航海生活充满了未知的风险,抵达时,原本 170 名船员只剩下 56 人。

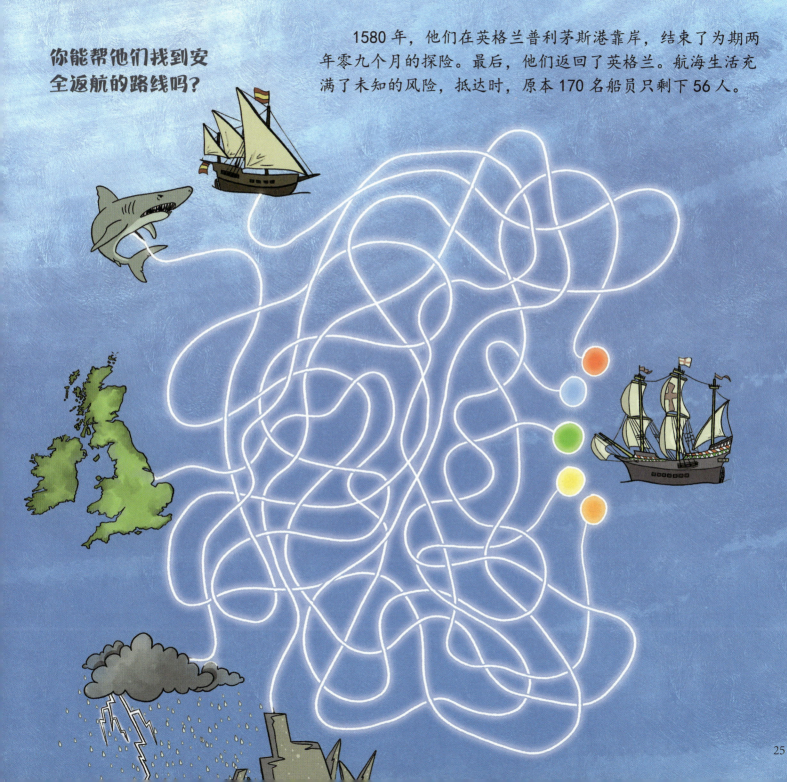

功成名就！

　　回国后，他们受到举国欢迎，被当成英雄。女王甚至册封德雷克为爵士。封爵就是女王用剑触碰受封人的肩膀，授予对方"爵士"的头衔。只有为国家做出巨大贡献的人才能获此殊荣。女性也可以获封爵位，得到"女爵"的头衔。直到今天，英国还保留着封爵仪式。

安度余生？

　　据说，德雷克向女王献上了大约 47000 英镑的财富，女王容许他留下约 10000 英镑。他在家乡买下了一个大庄园。海上旅程结束了，他准备隐退，和妻子在陆地上度过平静而奢华的余生。

后来西班牙和英格兰的矛盾越来越深。最终，战争爆发了，女王要求德雷克领兵作战。1588 年 7 月，德雷克率领着舰队出海应战。

英格兰舰队与西班牙的"无敌舰队"打了好多天……

我都困了。不过你们发现了吗？那时候的国旗和现在的差别好大。

再打了好多天……

又打了好多天……

接着还打了好多天……

火船计！

后来，德雷克命令士兵们点燃几艘空船，让它们驶向西班牙船只停泊的地方。

火烧赤壁、火烧连营，怎么都喜欢玩火？快逃命！

西班牙人不希望火势蔓延到自己船上，他们起航逃离，乱了队形，让英格兰人的火炮有机可乘。很快英格兰就取得了胜利。德雷克的计划既危险又疯狂，但它奏效了！

最后的远征

1595 年，德雷克说服女王同意他远征加勒比海。德雷克与表兄约翰一起（他们早就和好了），率领 27 艘船出发了，但一切和计划中的不太一样……

途中，约翰生病死去。德雷克深受打击，开始感受到孤独和衰老。约翰死于 63 岁，50 多岁的德雷克开始盘算自己还能活多久。

天啊，竟也会有这么一天……

他们试图攻击西班牙船只，但这一次西班牙人早有准备。德雷克被击退了，而且屡战屡退。

后来，一种叫痢疾的可怕疾病蔓延到了船上，船员们都病得厉害。痢疾是由不卫生的饮用水引起的。人得了痢疾，会发烧并严重腹泻。

最后，德雷克自己也感染了痢疾，病得很重。

快快快！厕所在哪儿？！

永别了，德雷克！

1596 年 1 月 27 日，德雷克让船员扶他起来，给他穿上作战的盔甲。一小时后，他去世了。

船员们把他放进一个衬铅的棺材里，为他举行了海葬，以示对其水手身份的尊重。棺材滑入大海，消失在碧波中，船员们吹起号角，鸣炮送别。

德雷克去世的消息传遍了全世界。西班牙人为此庆祝，英格兰人为他哀恸。弗朗西斯·德雷克虽然只是世界上第二个环球航行的人，但关于他的故事，哪怕几百年后仍被人们讲述着。

西班牙

英格兰

德雷克之鼓：德雷克在他的世界之旅中随身携带着一面鼓。他让人把这面鼓送到巴克兰修道院，并立誓说，如果英格兰遭遇危险，只要有人敲鼓，他就会死而复生保卫国家。怎么有点令人毛骨悚然啊！

第一个环球航行的航海家：
斐迪南·麦哲伦

葡萄牙船长斐迪南·麦哲伦是历史上第一个环游世界的人。1519—1522年，他的船队代表西班牙完成了环球航行。这段勇敢的海洋历险推翻了人们以往的世界观——地球是一个平面，证实了"地圆说"，极大促进了人们对世界的认知。

早年生活

麦哲伦出身于没落的贵族家庭，年幼时曾担任葡萄牙王后的侍童，这段经历让他学会了马术、狩猎、剑术等宝贵技能。

初涉海洋

1505年，麦哲伦加入弗朗西斯科·德·阿尔梅达船长的船队。船队应国王诏令远征，沿非洲和印度海岸与当地人作战，并在印度洋建立了强大的葡萄牙势力。在这段经历中，他学到了很多航海知识，也建立了自己的声望。几年之后，麦哲伦当上了船长。

寻找新航线

麦哲伦希望找到一条连接葡萄牙和"香料群岛"（指位于东南亚的马鲁古群岛）的西线航路，方便香料运输。按照此前的航线，去"香料群岛"要绕过整个非洲。麦哲伦确信，如果一直向西航行就能抵达，但他需要钱来组织船队。葡萄牙国王拒绝向他投资。最终，西班牙国王查理五世同意资助他。

艰难的旅程

查理五世给了麦哲伦5艘船：特立尼达号、圣地亚哥号、维多利亚号、康塞普逊号和圣安东尼奥号，以及265名船员。他们的旅途十分艰辛，水手们几近饿死，其间甚至还发生了一场叛乱！1522年航行结束时，只剩18名船员随维多利亚号回到了西班牙。

麦哲伦的结局

麦哲伦没有活着完成环球航行，他在麦克坦岛上与当地人战斗时被杀死。

环球航行太过危险，几十年过去了，不曾有人尝试追随他的脚步。直到麦哲伦去世半个世纪后，我们故事的主人公循着前辈麦哲伦的航线扬帆出海了！

麦哲伦与德雷克

麦哲伦

• 代表西班牙出航的葡萄牙船长。

• 出身于没落的贵族家庭。

• 率领的船队于 1519 年至 1522 年间环球航行，但麦哲伦本人死于途中。

• 是第一个完成环球航行的航海家。

• 在叛变中被反叛者偷走三艘船，但击败了反叛者。

• 1521 年，麦哲伦在菲律宾死于部落冲突。船队在他死后继续向西航行，回到欧洲。

• 265 名船员中，只有 18 人成功返航。

• 他的旅程表明了不用绕过非洲，也可以从西班牙抵达"香料群岛"，还佐证了地球是一个球体。

德雷克

- 代表英格兰出航的英格兰船长。
- 被寄养到远房表叔家后过上了中产阶级生活。
- 于 1577 年至 1580 年间进行环球航行，并成功返航。
- 是第二个完成环球航行的航海家。
- 在怀疑托马斯·道蒂反对自己时，他杀死了对方，避免了叛变。
- 死于与饮用水污染相关的疾病：痢疾。病因可能是船上恶劣的卫生条件。
- 170 名船员中，有 56 人成功环球航行并活着返回英格兰。
- 他的航行给英格兰带来了大笔的财富，也给西班牙制造了很多麻烦。它扩张了英格兰在香料贸易中的势力，也令德雷克声名远扬，还丰富了西方人对遥远国度的认知。

香料贸易

遥远的地方有什么？在那个时候，欧洲人发现，通过与东方国度开展"贸易"，可以获取珍贵的香料。这些香料包括：肉桂、丁香、肉豆蔻、肉豆蔻衣、胡椒、小豆蔻、孜然、藏红花等。

粗心的水手把几种调味品混在了一起，你能在下面的宝箱里找到它们吗？

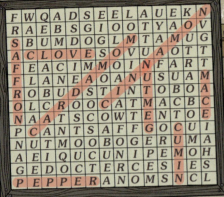

肉桂（cinnamon）
丁香（clove）
肉豆蔻（nutmeg）
肉豆蔻衣（mace）
胡椒（pepper）
小豆蔻（cardamom）
孜然（cumin）
藏红花（suffron）

返航回家

你能帮他们找到安全返航的路线吗？

1580年，他们在英格兰普利茅斯港靠岸，结束了为期两年零九个月的探险。最后，他们返回了英格兰，就海生活充满了未知的风险，抵达时，原本170名船员只剩下56人。

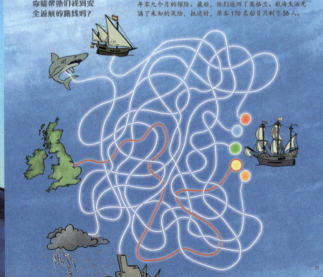

谜题答案

你瞧，德雷克正在和手下攻打一艘西班牙商船。船舱的底部藏着一箱金银珠宝！

你能一边躲开大炮，一边找到藏在船上的宝藏吗？

你答对了多少题？

36

－小竹马童书－

世界第二系列科普绘本

奇趣科普

幽默故事

互动游戏

人们很容易记住第一名，可是**第二名**呢？

弗朗西斯·德雷克爵士——16世纪为英格兰女王效力的私掠船船长——第二个环游世界的人。德雷克与金鹿号上的伙伴一路盗窃宝藏、寻找香料并不断地惹麻烦。他不是最早环球航行的航海者，但毫无疑问是**最疯狂**的。

就让我们跟随他那危机四伏又弥漫着臭气的冒险，沿途一瞥浩瀚历史中的点滴过往吧！

这世界上"第一"不少，第二、第三、第四更多……在这"内卷"的时代，也许我们需要新的答案。

绿色印刷产品

小竹马出品

生物学的重要分支学科

植物学（Botany）
—— 研究植物的学科

微生物学（Microbiology）
—— 研究微生物的学科

动物学（Zoology）
—— 研究动物的学科

原生动物学（Protozoology）
—— 研究原生动物的学科

鱼类学（Ichthyology）
—— 研究鱼类的学科

哺乳动物学（Mammalogy）
—— 研究哺乳动物的学科

鸟类学（Ornithology）
—— 研究鸟类的学科

昆虫学（Entomology）
—— 研究昆虫的学科

爬行动物学（Herpetology）
—— 研究两栖动物和爬行动物的学科

分类学（Taxonomy）
—— 研究为动植物归类、命名的学科

解剖学（Anatomy）
—— 研究生物组织结构的学科

细胞生物学（Cell Biology）
—— 研究细胞的学科

遗传学（Genetics）
—— 研究基因的学科

生理学（Physiology）
—— 研究生理机能的学科

胚胎学（Embryology）
—— 研究动植物的胚胎形成和发育过程的学科

古生物学（Paleontology）
—— 研究化石的学科

寄生生物学（Parasitology）
—— 研究寄生生物的学科

社会生物学（Sociobiology）
—— 研究生物社会行为的学科

免疫学（Immunology）
—— 研究免疫系统的学科

药物学（Pharmacology）
—— 研究药物的学科

生物分类单位

域（Domain）、界（Kingdom）、门（Phylum）、纲（Class）、目（Order）、
科（Family）、属（Genus）、种（Species）

节肢动物门昆虫纲
鞘翅目下常见虫虫

Ladybird Beetles
瓢虫科

Jewel Beetles
吉丁甲科

Rhinoceros Beetles
犀金龟科

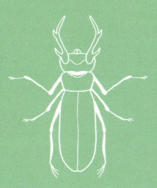

Stag Beetles
锹甲科

Garabid Beetles
步甲科

Skin Beetles
皮金龟科

Weevils
象甲科

Scarab Beetles
金龟科

Tiger Beetles
虎甲科

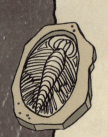

图书在版编目（CIP）数据

世界第二. 2, 科学家篇 / （英）法伦·菲利普斯著
绘 ； 焦东雨，陆宇辰译. -- 天津 ： 天津人民美术出版
社，2023.7
ISBN 978-7-5729-1186-6

Ⅰ. ①世… Ⅱ. ①法… ②焦… ③陆… Ⅲ. ①科学家
－列传－世界－少儿读物 Ⅳ. ①K811-49

中国国家版本馆CIP数据核字(2023)第118066号

世界第二 2科学家篇

SHIJIE DIER 2 KEXUEJIA PIAN

著 绘 者：[英]法伦·菲利普斯
译 者：焦东雨 陆宇辰
出 版 人：杨惠东
策 划：沈鹏
责任编辑：杨蕊
助理编辑：陈玉洁
技术编辑：何国起
装帧设计：叶思 谢卓航
出版发行：天津人民美术出版社
社 址：天津市和平区马场道150号
邮 编：300050
电 话：(022)58352934
网 址：http://www.tjrm.cn
经 销：全国新华书店
印 刷：溧阳市金宇包装印刷有限公司
开 本：787毫米×1092毫米 1/12
版 次：2023年7月第1版
印 次：2023年7月第1次印刷
印 张：12
定 价：139.80元（全三册）

这本书献给我酷酷的
朋友们——达娜、萨拉和
路易斯。

——法伦·菲利普斯

世界第二

2 科学家篇

[英]法伦·菲利普斯 著绘

焦东雨 陆宇辰 译

天津出版传媒集团

天津人民美术出版社

目 录

华莱士的童年 /2

第一份工作 /3

演什么？化什么？/4

收集狂人 /6

巴西之旅 /7

猴子那点事儿 /8

单独行动 /10

灾难来袭！/11

重整旗鼓 /11

亚洲，我来了！/12

阿里·华莱士 /13

天量收藏 /14

大同小异 /15

华莱士线 /16

疾病与答案 /18

给达尔文的信 /20

进化论 /22

演化如何发生？/24

华莱士回家 /28

痴迷研究 /29

华莱士去世 /30

以华莱士命名的动物 /31

进化论的第一位集大成者：

  查尔斯·达尔文 /32

达尔文与华莱士 /34

地球排行榜 /36

谜题答案 /40

华莱士的童年

阿尔弗雷德·华莱士，1823年出生于英国威尔士小镇——阿斯克。他有8个兄弟姐妹，家里没什么钱，日子过得紧紧巴巴。华莱士5岁时，他们一家搬到了英格兰的赫特福德郡。上了几年学之后，14岁的华莱士拥有了人生的第一份工作，从此开始赚钱补贴家用了。

14岁，听起来是不是还很小？这没什么值得大惊小怪的！19世纪的时候，很多人会早早辍学，甚至根本就不上学。让我告诉你吧，"青少年"这个词，要在100年后才出现呢！在那之前，一个小孩只要能干活儿，就不再是孩子，而是成年人了，中间根本没有什么过渡期。有的小孩5岁就开始工作了！

第一份工作

离开学校后，华莱士开始跟着哥哥从事勘测工作。因此，他掌握了很多技能，比如：测量土地和山丘，辨别岩石和化石的种类。他发现自己发自内心地喜欢在户外工作，并且非常热衷于探究大自然。

再后来，华莱士去莱斯特书院当了一名老师，运用他掌握的技能去教授绘图、地图制作和勘测相关的课程。教书之余，他把大量时间都花在学习、听讲座、阅读大量自然科学、人类历史和政治经济学的书籍上。

华莱士最感兴趣的学科是科学。他开始对当时出现的演化理论产生浓厚兴趣。

演什么？化什么？

"演化"是一种科学理论——随着时间的推移，动物们会逐渐改变自身特征。但这背后的原因又是什么呢？当时，人们还没有完全搞明白。有一位科学家，让－巴蒂斯特·拉马克骑士，穷尽一生试图解答这个问题，最终也没有成功。拉马克认为所有形式的生命都是自发诞生的，也就是说他认为生命可以随时随地形成，即便一个地方此前从没有生命存在过。他推断新的生物会突然产生巨大的变化，以便适应所生活的环境，让自己更健康、更愉快。

拉马克的观点有一个典型的例证——长颈鹿的脖子为什么这么长？根据对化石的研究得知：长颈鹿曾经也是短脖子，有点像马。拉马克推断，这是因为长颈鹿的祖先想要吃到高处郁郁葱葱的绿叶，因此尽力伸长脖子去够，它们一代一代不停地伸长脖子，伸啊伸啊，直到它们变成现在我们看到的长脖子动物。

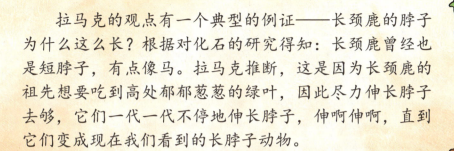

拉马克的研究方向是对的，但他还没说到点子上。让我来告诉你吧，真相是：有一些长颈鹿的脖子比同类的稍稍长那么一些，这些长颈鹿在生存竞争中更具优势——脖子越长越能吃到更多的食物，也越容易找到交配对象，生育更多后代。长脖子的基因就这样一代一代延续、演化下去。小朋友们来说说看：这和拉马克的理论区别是什么？

5

收集狂人

21 岁那年，华莱士在图书馆认识了一位朋友，叫亨利·贝茨。贝茨收藏了很多令人叹为观止的昆虫标本。华莱士受他影响，也开始收集起来。两个人常常花上老半天的时间一起去抓虫子。

画面里有 10 只昆虫，你能找到他们吗？

巴西之旅

1848 年，为了发现更多动物，华莱士和贝茨去了巴西。他们收集动物，制成标本，并卖给博物馆，再用这个钱负担他们的旅费。华莱士还有一个目标——他想找到演化的证据。

在那个年代，博物馆要想扩充藏品，便会付钱给博物学家们，请他们把标本收集回来，用于馆藏。

警告色

华莱士和贝茨留意到很多虫类身上布满明亮的色彩和斑纹。他们很疑惑，这样不是更容易被捕食者发现吗？多年以后，华莱士终于想通了：那是在警告捕食者——"不要吃我哦！我有毒！毒死你哦！"

贝茨还发现，一些无毒的虫类会模仿那些有毒的虫类，让身体显示出相似的颜色和斑纹，以此骗过捕食者。这一发现后来被命名为贝氏拟态。

看见那只帝王蝶了吧？瞧它明亮的橙色和黑色斑纹，多么显眼呀！它正是在警告捕食者——它有毒，最好别碰它。毕竟，谁愿意中毒呢？要知道，它的幼虫从小就以有毒植物马利筋为食。食毒以防身！太狠了，我可吃不了那玩意儿！

猴子那点事儿

华莱士发现，在宽阔的内格罗河两岸，
生活着许多不同品种的猴子。

红脸蜘蛛猴

在河流上游，北岸住着红脸蜘蛛猴，
南岸则住着绒毛猴。

绒毛猴

在河流下游，普通狨猴和白秃猴住在北岸。僧面猴住在南岸。

普通狨猴
白秃猴

不同品种的猴子严守着自己的领地，好像之间有一道隐形的围栏一样。华莱士推论，这些猴子都源自同一品种，经过很多代繁衍后，各自发生了很大的改变。这些变化也让它们更好地适应了各自不同的生活环境。

僧面猴

单独行动

后来，华莱士和贝茨分开行动。
华莱士花了三年时间探索了亚马孙雨
林，并收集了数千件标本，还为亚马
孙河的部分流域绘制了地图。

灾难来袭！

1852 年，华莱士带着满满的收获启程回国。结果，他乘坐的"海伦号"起火并沉入大海！华莱士眼睁睁地看着几年来辛苦累积的笔记和标本全部被大海吞没。他和船员们被困在救生艇上整整 10 天才获救！

想象未来某一天，你在那片海域潜水，在海底发现一些玻璃罐子装着虫类和鸟类标本，别忘了你读过的这个关于华莱士的故事！

重整旗鼓

华莱士回到了家乡，别以为他会就这么放弃了！他振作起来，把他在亚马孙了解到的情况重新记录下来，发表了很多文章，出版了很多书，由此确立了华莱士博物学家的身份。华莱士并没有停下脚步，他又一次开始了新的探险！

亚洲，我来了！

1854年，华莱士开启了更加冒险的旅程，他远渡重洋，抵达亚洲，希望有更多新的发现，收集更多新的物种样本。据说在印度尼西亚和马来西亚广阔的丛林中有大量珍稀鸟类和虫类，华莱士不亲眼见到绝不离开。

阿里·华莱士

华莱士在当地组织了一队人马协助自己在马来群岛的丛林中探险，包括厨师、水手、搬运工以及熟悉地形的向导，另外还有负责捕猎和制作标本的猎手。其中有一个男孩最受华莱士信任，他叫阿里。

阿里只有 15 岁，但极其聪明，而且干活很卖力。据说，华莱士带回的绝大部分鸟类标本，都是阿里帮忙收集的。关于阿里的文字记载并不多，他也从来没有得到应有的认可，但我们知道如果没有这个得力的助手，华莱士很难有那些发现。阿里也特别享受与华莱士一起工作的过程，后来为了表示对华莱士的尊重，他干脆给自己改名叫阿里·华莱士了。

天量收藏

这次旅程持续 8 年，行程总计超过 2 万千米。华莱士一共收集了大约 11 万只虫类、7500 个贝壳、8050 只鸟类、410 只哺乳动物和爬行动物的标本，以及一些蕨类植物的标本。其中，不少生物此前从来没有被记录过。

下图中有一些虫子从罐子里逃出来了！你能帮助华莱士数一数不同品种的虫子分别有多少只跑出来了吗？

蜘蛛　　甲虫　　蚯蚓

大同小异

　　凭借自己的研究成果，华莱士逐渐在科学界站稳脚跟，并开始有机会与达尔文书信往来。他俩都在热切地寻找演化的证据，有些观点相近，但又并非完全一致。比如，达尔文认为，动物择偶不仅看生存技能，也看外貌。孔雀开屏是否足够惊艳，就是孔雀择偶的依据。对此，华莱士表示怀疑，认为只有人类才会在意外貌。

华莱士线

华莱士还有一个重大成果，就是发现了一条穿越马来群岛，介于亚洲和澳大利亚之间的无形的线，后来为了纪念他的重要发现，科学界将此线称为华莱士线。

数百万年前，亚洲和澳大利亚还是连在一起的一整块大陆。那时，动物们可以自由穿行，植物也可以遍地生长。当亚洲和澳大利亚被大洋分开之后，两边的动植物被强行隔绝，经过数百万年的演化之后，各自适应了所生活的环境。

比如，东南亚有大象，但澳大利亚没有；澳大利亚有针鼹，亚洲却没有。

在凉爽且食物充足的亚洲丛林，大象一直繁衍生息，但大象的祖先在澳大利亚的沙漠环境中逐渐灭绝了。针鼹的祖先很好地适应了澳大利亚的环境，却敌不过亚洲丛林的捕食者们。此外，亚洲的老虎和犀牛，澳大利亚的袋鼠和鸭嘴兽也都是这类情况。

疾病与答案

　　1855 年，华莱士在一篇文章中提出了一个问题：为什么有些物种会消亡而有些会存续呢？在此后很多年时间里，他一直锲而不舍地追寻这个问题的答案。

　　1858 年，华莱士在野林考察时染上了丛林热（即疟疾，由蚊虫叮咬传播的严重疾病）。他的病情非常严重，但哪怕是卧床数周、高烧不退时，华莱士还在苦苦思索着他的问题。

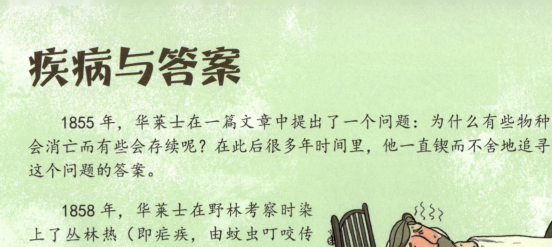

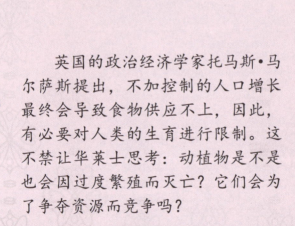

　　英国的政治经济学家托马斯·马尔萨斯提出，不加控制的人口增长最终会导致食物供应不上，因此，有必要对人类的生育进行限制。这不禁让华莱士思考：动植物是不是也会因过度繁殖而灭亡？它们会为了争夺资源而竞争吗？

养病期间，华莱士不停地思考着疾病、饥荒和捕食者这些因素在动物王国里的作用。

突然有一天，华莱士灵光闪现、恍然大悟：在生存之战中，最健康、最强壮、最迅捷的动物总是生存最长久，因而也能繁衍更多后代并把它们的优良基因延续下去。

一代又一代，整个物种就会向着最有利于它们适应环境、生存下去的特征不断演化。

给达尔文的信

华莱士激动地把他的思考记录下来，寄给达尔文，并希望他能转交给查尔斯·莱尔爵士。达尔文看到后很震惊，还有些害怕。因为华莱士的观点与他不谋而合。达尔文 14 年前就写出来了，只是一直没公开发表。

1857 年，达尔文写信给美国植物学家阿萨·格雷，提出自己的研究和观点，但两人没有达成共识。这让达尔文备受打击，他请求格雷不要把他的观点告诉其他人。你知道为什么吗？原因说来有些可笑，达尔文害怕一旦科学界知道他竟有如此荒谬的理论，但他又没法给出令人信服的证据，那么他的"进化论"还有他本人有可能会被科学界质疑。原来，大科学家也有害怕的时候。

达尔文为什么不发表呢？因为他担心科学界还不能很好地接受"自然选择"这个观点，华莱士很可能也有同样的担忧，这也是为什么他把自己的论文寄给达尔文，而不是发表出来的原因。

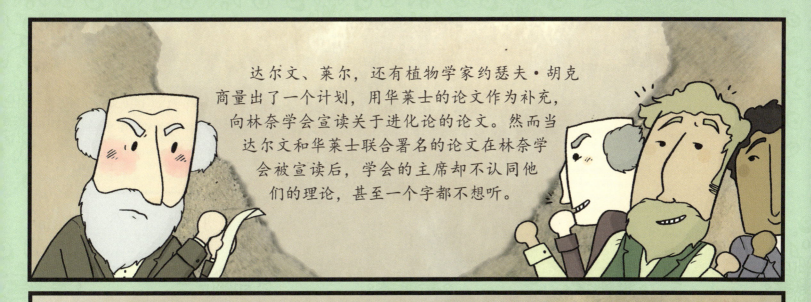

达尔文、莱尔，还有植物学家约瑟夫·胡克商量出了一个计划，用华莱士的论文作为补充，向林奈学会宣读关于进化论的论文。然而当达尔文和华莱士联合署名的论文在林奈学会被宣读后，学会的主席却不认同他们的理论，甚至一个字都不想听。

尽管一开始遭遇了挫折，但华莱士拥有相同观点让达尔文备受鼓舞，最终他于 1859 年迈出勇敢的一步，出版了《物种起源》一书。其后，进化论的观点在科学界争论了很多年，才逐渐被广泛接受，这在当时已经属于巨大突破。

当这些纷纷扰扰发生之时，华莱士还在马来群岛继续他的科学研究。他甚至不知道林奈学会已经得悉他的观点。尽管结果不尽如人意，但当达尔文写信告诉他这件事情时，他还是万分激动。能把自己的发现与人分享，这足以让华莱士兴奋不已。

进化论

　　我们日常熟悉和喜爱的很多动物，其实与一些如今看起来毫不相关的物种都有着共同的祖先。比如，人们养的宠物狗，就与凶残的大灰狼同宗同源。很久很久以前，世界上有很多品种的狼，例如恐狼、巨型狼、洞穴狼等。

　　随着时间的推移，狼群逐渐适应环境，改变自身特性。现在，单单是灰狼就有 46 个亚种。早期人类驯养的狼崽，形成了独立的基因，最后演化成我们养在家里的狗。

> 大……大外甥？

> 表舅，你好啊！

> 喔～

> 还有让人意外而且更搞笑的例子。我偷偷告诉你，本鸟的祖先应该是恐龙哦！

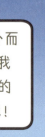

还有很多我们熟悉的动物，如果追溯它们百万年的演化过程，你会发现它们源自差异巨大的物种。

左、右两边的哪些动物拥有亲缘关系？连线试试看吧。

大象

原蹄兽
* 绵羊大小，体长约1.5米

马

完齿兽
* 大小如牛，体重可达1吨

海豚

磷灰兽
* 兔子大小，体长50~60厘米

猪

* 体形似狼，体长约1米
巴基兽

演化如何发生？

以狐狸为例来看看吧。无论是北极，还是沙漠，到处都有狐狸。很早以前，它们看起来都很相似。

在北极，它们在雪地里猎食旅鼠。

在沙漠，它们从沙地里抓捕蜥蜴。

24

北极非常寒冷，尤其是冬天，皮毛又厚又密的狐狸更能保暖并活下来。皮毛又稀又薄的狐狸寿命就会短些。最后，北极的狐狸种群就演化成冬天皮毛又厚又密的样子。

在一片冰天雪地之中，毛色深的狐狸猎食会更困难一些，因为它们很容易暴露。毛色浅一些的狐狸，更容易在雪地中隐藏自己。最后，越来越多冬天毛色浅的狐狸生存下来，延续了自己的种群。

冬天皮毛厚密且颜色浅淡的狐狸最后胜出，它们活得更长久，繁衍的后代也更多。它们的基因被不断往下传递，经过很多很多代，直到变成我们现在看到的冬天毛茸茸的北极狐。

另一边，在炎热的沙漠里，皮毛厚密的狐狸，很难给自己的身体降温。与皮毛短的狐狸相比，它们就更容易被高温炙烤。最后，沙漠里的狐狸种群，就变成了短毛的样子。

狐狸的毛色刚好跟沙土混在一起，不是什么大问题。但它们的捕猎对象——蜥蜴，是在沙子底下藏身的高手。沙漠狐狸必须竖起耳朵，仔细辨认蜥蜴的位置。耳朵大的狐狸，就占据上风，在生存竞争中胜出。并且，大耳朵还可以帮助它们释放身体的热量。

因此，在沙漠中大耳朵、短毛的狐狸繁衍出更多的后代。一代一代遗传下去，直到如今，成为我们看到的小个头、大耳朵的耳廓狐。

这两个品种，本质上都是狐狸，同源同种。不同的环境促使它们逐渐改变了自身特征。越适应环境的个体，越容易生存下来，并把相应的特征持续传递给后代。

如今，这两个种群迥然不同。你来猜猜看：几百年后，我们又会看到什么样的动物呢？

华莱士回家

1862 年，华莱士离开亚洲回国，此时他已将近 40 岁。他去拜访了达尔文，两个人的友谊更加坚固了。他认识了美丽的妻子，养育了三个孩子，终于安定下来，开始享受天伦之乐。

他对自然的热爱也影响到了他的孩子们，当他写作时，他的孩子们就在书房与蜥蜴玩耍。

痴迷研究

华莱士兴趣广泛，撰写并出版了多种领域的书籍。他既研究过催眠术，又很好奇其他星球上到底有没有生命的存在。终其一生，他都致力于把自己的想法和发现分享给世人。1908年，人们颁了一个奖给他，感谢他的贡献。

在那以后，在进化生物学领域做出杰出贡献的科学家，就有机会获得"达尔文-华莱士奖章"。

动物、催眠术、外星人……
嘿！他还真是个多面手啊！

29

华莱士去世

　　华莱士是在睡梦中去世的，他活到了 90 岁，去世那年还出版过一部著作。他留下的宝贵研究成果，在某些方面极大地影响了现代世界对进化论的认知。科学家都受益于他的研究。如果你去过伦敦的自然历史博物馆，在花园里，你还能看到人们为他立的雕像。

以华莱士命名的动物

之前未曾被科学界认知，由华莱士首次发现的生物有数千种，有些动物甚至是以他的名字命名的，比如：

黑掌树蛙（学名：Rhacophorus nigropalmatus），俗名"华莱士飞蛙"（Wallace's Flying Frog）。

红鸟翼凤蝶（学名：Ornithoptera croesus），俗名"华莱士金翅凤蝶"（Wallace's Golden Birdwing）。

幡羽极乐鸟（学名：Semioptera wallacii），俗名"华莱士标准翼极乐鸟"（Wallace's Standardwing）。

它们的拉丁学名或俗名都留下了华莱士的痕迹。其中的幡羽极乐鸟发现于印度尼西亚，异常珍贵。

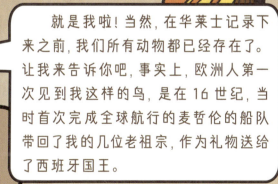

就是我啦！当然，在华莱士记录下来之前，我们所有动物都已经存在了。让我来告诉你吧，事实上，欧洲人第一次见到我这样的鸟，是在 16 世纪，当时首次完成全球航行的麦哲伦的船队带回了我的几位老祖宗，作为礼物送给了西班牙国王。

进化论的第一位集大成者：

查尔斯·达尔文

查尔斯·达尔文，生于1809年，他从小热爱自然，痴迷于收集各种动植物标本。对他来说，课堂教学太枯燥了，但课余时间收集甲虫以及练习制作标本却让他乐此不疲。

后来，达尔文交了一个朋友，名叫约翰·史蒂文斯·亨斯洛，他是剑桥大学的植物学教授。1831年，经亨斯洛介绍，达尔文以博物学家的身份登上了前往南美的科考船，开启了一段史诗般壮丽的科学考察之旅。

达尔文乘坐着"小猎犬号"，满世界地研究动物和植物，漫长的旅程持续了整整五年！

途中，他见到了各种各样神奇的动物、植物，还有化石，也收获了众多令人难以置信的发现。

考察途中以及考察结束后的一些年里，达尔文撰写了很多论文和书籍，阐述他关于物竞天择、适者生存的理论——进化论！

73 岁那年，达尔文去世了。他是 19 世纪在自然科学"进化论"领域作出重大突破的第一人！他的理论让当时的人们相信——人类很可能是从猿进化而来的。

查尔斯·达尔文是公认的研究进化论的第一位集大成者，但很少有人知道，支持和佐证这些理论的第二个人，现在，你知道他是谁了吧！

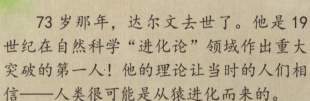

达尔文与华莱士

查尔斯·达尔文

- 1809 年生于上流阶层家庭。
- 1831 至 1836 年，完成了举世闻名的旅行。
- 他乘坐的船叫"小猎犬号"。
- 他最有名的著作是《物种起源》，书中阐述了进化论，并提供了证据。
- 他是第一位到访加拉帕戈斯群岛的博物学家。
- 社会学领域的生存竞争和自然选择理论，以他的名字命名为"社会达尔文主义"。
- 超过 120 种动物以他的名字命名。
- 他说服了当时绝大多数的科学家相信进化论是真的，革新了人类看待世界的方式。

阿尔弗雷德·拉塞尔·华莱士

- 1823 年生于工薪阶层家庭。
- 1848 至 1852 年完成了去南美的首次旅行，第二次旅行则是 1854 至 1862 年去印度尼西亚、马来西亚和新加坡。
- 他乘坐的船叫"海伦号"。
- 遭遇了沉船事故，丢失了多年工作成果。
- 他是研究出警告色理论的第一人。
- 以他的名字命名的有鸟类、昆虫、蛙类，还有一条地理分界线。
- 他的研究和发现有力地支撑和补充了达尔文的理论，影响了现代人对进化论的理解。

地球排行榜

七大洲面积排行榜

2 非洲
约3000万平方千米

1 亚洲
约4400万平方千米

3 北美洲
约2400万平方千米

4 南美洲　　　　　约1800万平方千米
5 南极洲　　　　　约1400万平方千米
6 欧洲　　　　　　约1000万平方千米
7 大洋洲　　　　　约900万平方千米

四大洋面积排行榜

1 太平洋
约18000万平方千米

2 大西洋
约9100万平方千米

3 印度洋
约7600万平方千米

4 北冰洋
约1400万平方千米

面积排行榜

岛屿——格陵兰岛、新几内亚岛、加里曼丹岛

半岛——阿拉伯半岛、印度半岛、中南半岛

群岛——马来群岛、北极群岛、日本列岛

平原——亚马孙平原、东欧平原、西西伯利亚平原

高原——南极冰雪高原、巴西高原、南非高原

湖泊——里海（咸水湖）、苏必利尔湖（淡水湖）、维多利亚湖（淡水湖）

河流（流域面积）——亚马孙河、刚果河、密西西比河

河流（水量）——亚马孙河、刚果河、长江

沙漠——撒哈拉沙漠、阿拉伯沙漠、利比亚沙漠

高度、深度排行榜

陆地山峰——珠穆朗玛峰、乔戈里峰、干城章嘉峰

高原（平均海拔）——帕米尔高原、青藏高原、玻利维亚高原

湖泊——贝加尔湖、坦噶尼喀湖、里海

海沟——马里亚纳海沟、汤加海沟、菲律宾海沟

陆地瀑布（落差）——安赫尔瀑布、图盖拉瀑布、三姐妹瀑布

陆地峡谷——雅鲁藏布大峡谷、喀利根德格大峡谷、帕隆藏布大峡谷

长度排行榜

陆地山脉——安第斯山脉、落基山脉、大分水岭山脉

河流——尼罗河、亚马孙河、长江

海滩——普腊亚卡西努、八十英里海滩、九十英里海滩

海峡——莫桑比克海峡、戴维斯海峡、马六甲海峡

已知陆地洞穴——猛犸洞穴、奥克斯贝尔哈洞穴、双河洞

海岸线（国家）——加拿大、美国、俄罗斯

想不到吧！世界第二的八十英里海滩实际长约140英里（220千米），而九十英里海滩却长约94英里（151千米），它们都位于澳大利亚！沧海桑田，斗转星移，谁知道下一个千年、万年、千万年，谁又能得第一？世界浩瀚、宇宙无穷，我们终究只是小小的人类。

蜘蛛属节肢动物门
螯肢亚门蛛形纲

蜗牛属
软体动物门

收集狂人

21岁那年，华莱士在图书馆认识了一位朋友，叫亨利·贝茨。贝茨收藏了很多令人叹为观止的昆虫标本。华莱士受他影响，也开始收集起来。两个人常常花上老半天的时间一起去抓虫子。

画面里有10只昆虫，你能找到他们吗？

鼠妇属
节肢动物门甲壳亚门软甲纲

只有红圈内的蝴蝶、毛毛虫（幼虫形态）、瓢虫等才属于节肢动物门六足亚门的昆虫纲哦！

蜈蚣属
节肢动物门多足亚门唇足纲

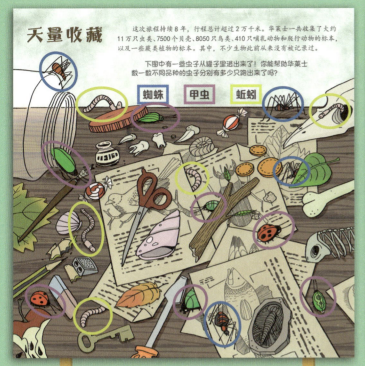

天量收藏

这次旅程持续8年，行程总计超过2万千米。华莱士一共收集了大约11万只虫类、7500个贝壳、8050只鸟类、410只哺乳动物和爬行动物的标本，以及一些腰麦植物的标本。其中，不少生物此前从来没有被记录过。

下图中有一些虫子从罐子里逃出来了！你能帮助华莱士数一数不同品种的虫子分别有多少只跑出来了吗？

蜘蛛　甲虫　蚯蚓

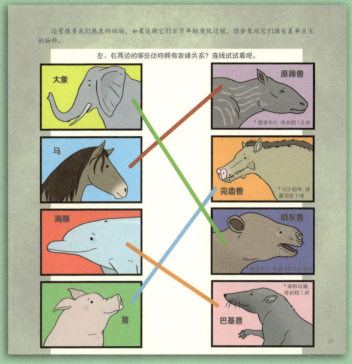

还有很多我们熟悉的动物，如果追溯它们百万年的演化过程，你会发现它们源自差异巨大的物种。

左、右两边的哪些动物拥有亲缘关系？连线试试看吧。

大象　　　原蹄兽
马　　　　完齿兽
海豚　　　磷灰兽
猪　　　　巴基兽

蜘蛛是蛛形纲蜘蛛目动物的统称。甲虫是昆虫纲鞘翅目昆虫的统称。而蚯蚓则属于环节动物门！

想不到吧！蜘蛛、蜈蚣都不属于昆虫！这就是科学的严谨！但广义上的虫也泛指昆虫纲、蛛形纲等许多无脊椎动物！反正都是我的美味！

41

—小竹马童书—

世界第二系列科普绘本

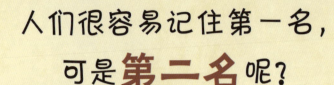

奇趣科普

幽默故事

互动游戏

人们很容易记住第一名，可是**第二名**呢？

阿尔弗雷德·拉塞尔·华莱士——19 世纪的博物学家——世界上第二个研究进化论的人。为了搜寻那些让人毛骨悚然的爬虫和珍稀的飞鸟，在助手阿里的协助下，他进行了史诗般的科学考察。虽然中途经历了火灾、船难等诸多危机，但丛林搜集之旅总算结出了丰硕的果实。尽管他不是第一人，但他却是**最有趣**的。

跟随他的脚步，来体验满是虫子、飞鸟和科学狂人的探险之旅吧，顺便还能学习一点历史知识呢！

这世界上"第一"不少，第二、第三、第四更多……在这"内卷"的时代，也许我们需要新的答案。

绿色印刷产品

小竹马出品

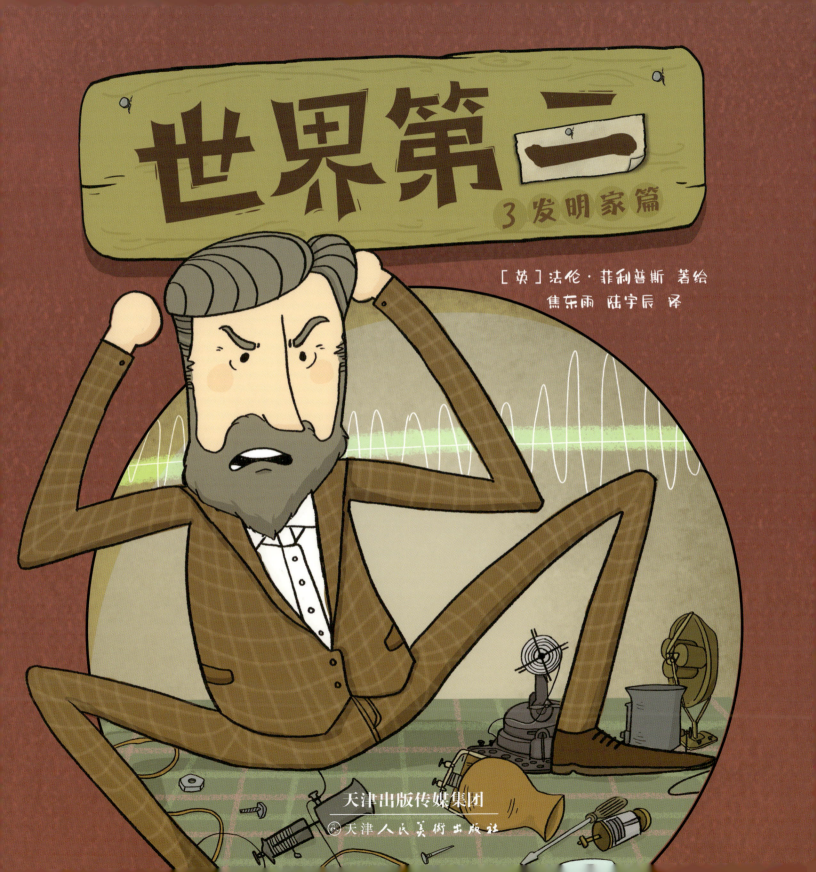

19 世纪影响世界的发明

打字机（1808 年）：敲键盘就可以把字打出来，有效提高
了人们的工作效率。

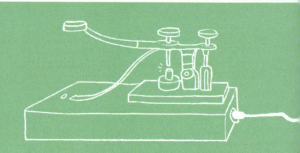

电报（1837 年）：一种可以把编码从一个地方传输到
另一个地方的设备。

电池（1800 年）：一种可以提供电能的设备，最早的电池
通过把金属圈浸泡在电解液中来供能。

照相机（1839 年）：一种可以利用光学成像原理把画面定
格并保存下来的设备。

电梯（1853 年）：安装在楼房里的一个"大箱子"，可以把人或者物品运送到不同的楼层。

汽车（1886 年）：第一辆不需要马拉的车，靠一台汽油发动机就可以走。

火车（1804 年）：第一辆靠蒸汽奔跑的火车。

电灯（1879 年）：一种用电而不需要用火来产生光亮的设备。

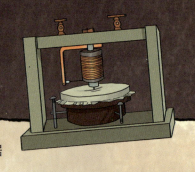

图书在版编目（CIP）数据

世界第二. 3, 发明家篇 ／ （英）法伦·菲利普斯著
绘；焦东雨，陆宇辰译. —— 天津：天津人民美术出版
社，2023.7
ISBN 978-7-5729-1186-6

Ⅰ.①世… Ⅱ.①法… ②焦… ③陆… Ⅲ.①发明家
—列传—世界—少儿读物 Ⅳ.①K811-49

中国国家版本馆CIP数据核字(2023)第118079号

世界第二3发明家篇
SHIJIE DIER 3 FAMINGJIA PIAN

著 绘 者：[英]法伦·菲利普斯
译　　者：焦东雨　陆宇辰
出 版 人：杨惠东
策　　划：沈鹏
责任编辑：杨蕊
助理编辑：陈玉洁
技术编辑：何国起
装帧设计：叶思　谢卓航
出版发行：天津人民美术出版社
社　　址：天津市和平区马场道150号
邮　　编：300050
电　　话：(022)58352934
网　　址：http://www.tjrm.cn
经　　销：全国新华书店
印　　刷：溧阳市金宇包装印刷有限公司
开　　本：787毫米×1092毫米　1/12
版　　次：2023年7月第1版
印　　次：2023年7月第1次印刷
印　　张：12
定　　价：139.80元（全三册）

这本书献给南，还有澳菲、
安娜、艾米、凯蒂、劳拉和梅根。
大家伙儿都太酷了！

——法伦·菲利普斯

世界第二

3 发明家篇

[英]法伦·菲利普斯 著绘

焦东雨 陆宇辰 译

天津出版传媒集团

天津人民美术出版社

目 录

格雷的童年 /2

"多面手"格雷 /3

最初的发明 /4

摩斯密码的魔法 /5

自动电报中继器 /6

格雷与巴顿 /8

与声音有关的科学 /9

声波狂想 /10

什么叫"资助"? /11

浴缸和电池 /12

第一台电钢琴 /13

节奏天才 /14

重大突破 /16

专利申请抢先跑 /18

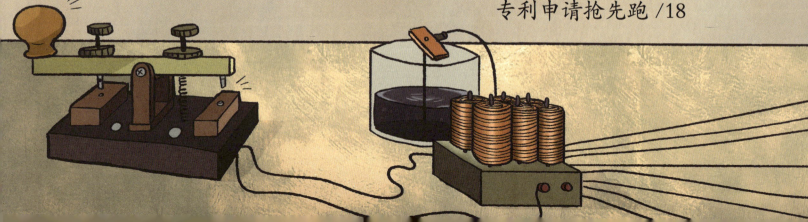

科学大秀场 /20

令人叹服的发明家 /21

更令人叹服的发明家 /22

专利剽窃疑云 /24

荒诞的赛跑传说 /26

不放弃的"钢琴家"/28

热心的"和事佬"/32

人要向前看 /33

第一个发明实用电话的发明家：

　　亚历山大·贝尔 /34

贝尔与格雷 /36

比名次更重要的 /38

猜猜是谁和"巴斯光年"并列

　　世界第二 /41

谜题答案 /44

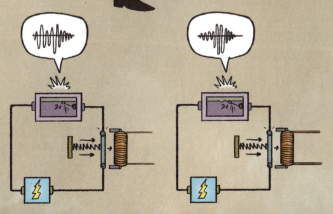

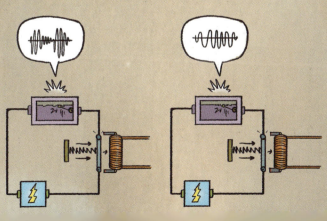

格雷的童年

　　童年时，伊莱沙·格雷与父母一起住在美国俄亥俄州的农场里。格雷喜欢上学，对科学兴趣浓厚。12岁那年，他的父亲去世了，格雷不得不退学，回到农场干活，帮助妈妈养活一家人。

"多面手" 格雷

格雷跟着铁匠当过学徒，学过木工，当过奶农。他并不擅长体力劳动，所以哪怕再卖力也赚不到足够的钱。

22岁那年，格雷重返校园，希望能完成学业。他一边努力学习，一边打工赚钱。为此，他当过学校的门卫，还为科学系制作过设备。因为劳累过度，格雷病倒了，他又一次辍学了。

最初的发明

　　格雷再一次回到奶牛场工作。不久，他结了婚，开始了新生活。不过求学的挫折没能阻挡他对科学的探索。经过学校的同意，格雷可以在业余时间借用学校的电子设备继续实验、钻研。

　　正是在这一时期，格雷取得了他的第一项发明专利——自动电报中继器。

　　那个时候没有电话，更没有电脑，人们很难把信息快速传递给其他人。这时候，一种叫电报的设备让这件事变得容易了一些。电报可以通过电报站之间的电线传输电子信号，信息在几分钟之内就能以摩斯密码的形式传递过去。

摩斯密码的魔法

摩斯密码是什么？让我来告诉你吧！电报呢，只能把"哔哔哔"的声音从一个地方发送到另一个地方，既没有拼音，也没有文字。"哔哔哔"谁能听得懂呢？有了摩斯密码，就可以把这些"哔哔哔"转换成看得懂的文字了。短声"哔"是一点，长声"哔——"是一横。摩斯密码的电码表就是由点和横组成的。如果你想发一个 hello，你就得敲这么一串 •••• • •-•• •-•• ---。收到信息的人，再对照摩斯密码解读出来。

你会用摩斯密码写你的名字吗？

A •-
B -•••
C -•-•
D -••
E •
F ••-•
G --•
H ••••
I ••
J •---
K -•-
L •-••
M --
N -•
O ---
P •--•
Q --•-
R •-•
S •••
T -
U ••-
V •••-
W •--
X -••-
Y -•--
Z --••

自动电报中继器

    传输的时间和距离一长,电子信号就会变弱甚至丢失。我们不妨把电子信号想象成一个跑着送信的邮差,他要一家一家地送信,路途太远,跑着跑着他就跑不动了。中继器是重新设定信号的设备。有了它,就像是每一站都有一个新邮差,如同接龙一般把信件传递下去,这样就不会让一个人累倒下,信息也能安全送达!

格雷发现信号经过电磁线圈后能自动重复，于是发明了自动中继器，这样就不需要重新设定再发出去。电磁线圈是绕成一圈一圈的铜线，自动中继器通过一个可以打开和闭合的电磁线圈来工作。

脉冲电流通过，线圈产生磁性，开关闭合，产生新信号；

脉冲电流中断，线圈失去磁性，开关打开，信号中断。

想象一下，有一个磁铁和一个弹簧在两边拉扯一个吊桥，当磁铁产生磁力，吊桥归位，电流通过；反之，磁力消失，弹簧把吊桥扯开，电流中断。当电流有节奏地接通、切断，开关有节奏地闭合、打开，新信号就会重复之前的摩斯密码。

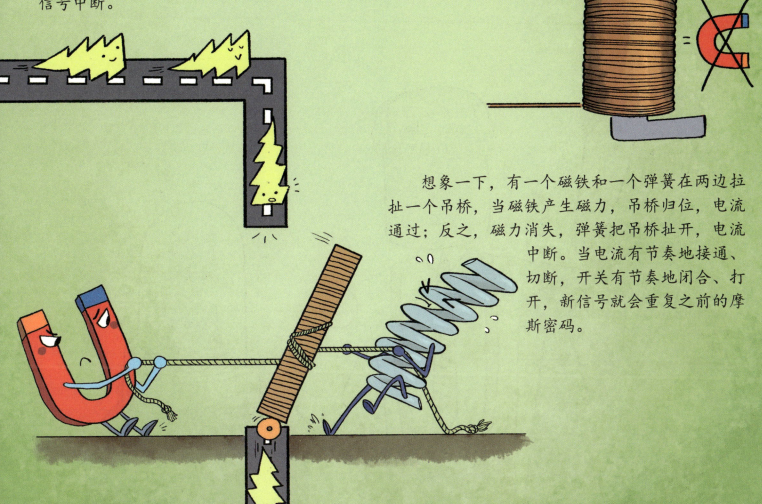

格雷与巴顿

　　1869 年，格雷开始与一个叫伊诺斯·巴顿的人合作，巴顿在俄亥俄州有一间电机工程公司。两人合伙为当时的美国电报行业龙头企业——西部联盟电报公司提供发电报的设备。格雷发明了一种带键盘的电报设备，这样不熟悉摩斯密码的人也可以发送和接收电报了。

　　格雷和巴顿把他俩的公司命名为格雷巴电器公司。格雷巴电器公司的业务相当成功。几年之后，西部联盟电报公司收购了他们 1/3 的股份，并给它改名为西部电气公司。一百年后，该公司仍在经营。

　　虽然成功，但格雷的脚步并未停止。

与声音有关的科学

他想要发明更多东西来改变电报产业，比如能不能有一种电报机可以直接传递声音，而不需要通过什么密码。

等一下，声音到底是什么呢？

我们听到的声音是由振动引发的声波产生的。尽管我们肉眼看不见它们，但不同的声音其实有不同的声波。比如：

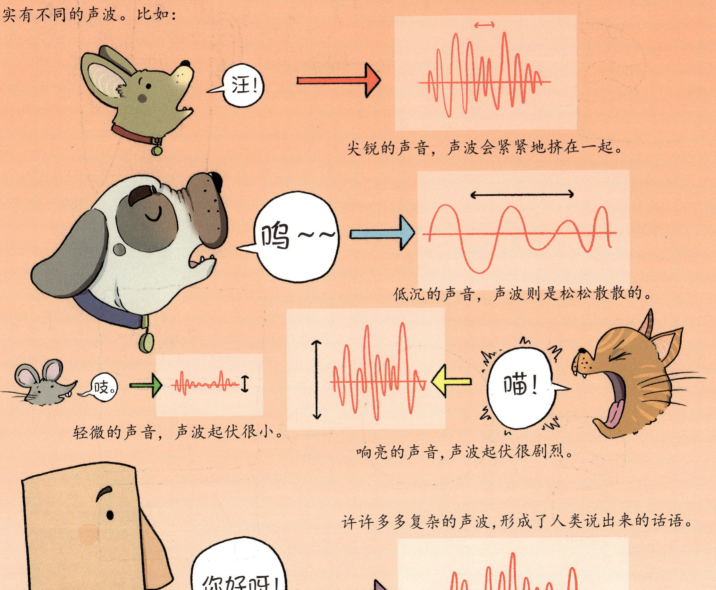

尖锐的声音，声波会紧紧地挤在一起。

低沉的声音，声波则是松松散散的。

轻微的声音，声波起伏很小。

响亮的声音，声波起伏很剧烈。

许许多多复杂的声波，形成了人类说出来的话语。

声波狂想

格雷知道，人类的语言复杂，要把它们转换成电波远比电报里单一的点和横麻烦得多。让电报能发出各种可以辨识的音节甚至是言语，是一个超级大工程。

但他坚信这是一个可以达成的目标。如果他可以把声音分解成单个的声波片段，并复制出来，那么他就可以再把它们组合回去，还原成最初的声音。

你好呀！

创造发明是很费钱的事情，为了让这个伟大的梦想变成现实，格雷需要大量资金支持，他需要有人资助！

什么叫"资助"？

无论过去，还是现在，都会有富有的人愿意资助发明家开展发明研究。

如果发明成功了，人们就会花钱购买发明成果，发明家能换取相应报酬。发明家再把赚来的钱分给资助他的人，相比最初的那笔小钱，资助者会得到更多。

这是一种投资，因此也存在不确定性。因为一旦发明失败，没有人愿意为这项发明买单，投资的钱就打水漂了。

你知道格雷找到了什么投资人吗？让我来告诉你吧！是一个叫塞缪尔·怀特的牙科医生。

浴缸和电池

　　用电报传输声音，这件事在当时听起来像是在说梦话。搞发明还得脚踏实地一步一步来，格雷决定先从传输音乐入手。

　　突破性进展来得很偶然。一天，格雷的小侄子在他的仪器边玩耍，这小孩发现当他把电池接到浴缸上，再用手抚过浴缸边缘时，就会发出"嗡嗡"的声音。这让格雷意识到他可以利用一个振动的电磁线圈控制声音，也就是说他可以通过电来传播振动从而制造出音节。

第一台电钢琴

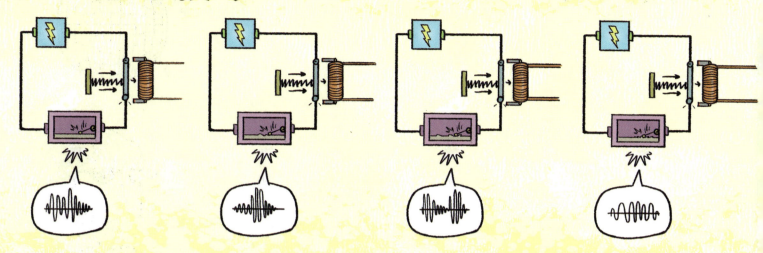

　　不同的线圈产生不同的音节，如果把多种线圈组合到一个中继器上，是不是就可以产生音乐了呢？顺着这个想法，格雷发明了音乐电报键盘发报机。这台机器看起来像一架小小的钢琴，当你按下琴键，开关接通，电流通过，键盘下的发音簧片就会产生振动，发出声音。

　　弹奏出来的音乐电报除了可以通过电线传输到常规的电报接收机上，还可以传输到格雷发明的"脸盆"接收器上，它就像是一个扩音器，让整个房间都能听到传过来的音乐。

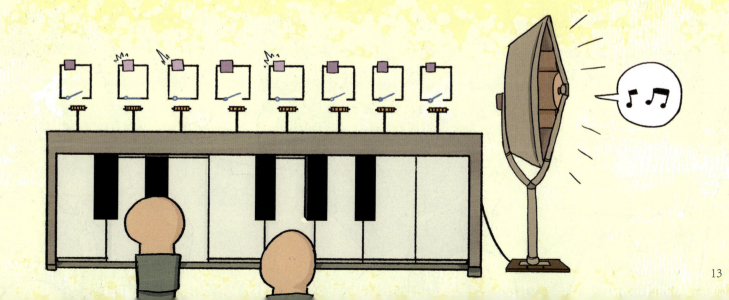

节奏天才

格雷在伊利诺伊州高地公园的一个教堂里进行了一次公开演示。当众人熟悉的音律通过电传输出来时，现场听众欢呼了起来。

第一次"演出"大获成功，格雷干脆一路"巡演"到了英国。他还接上电线，把音乐电报传输到了300千米之外的地方。

天哪！音乐电报的电线缠到一起了，快来找一找：到底哪个接收器能发出声音呢？

重大突破

音乐电报的成功给了格雷极大的鼓舞，他开始研发一种叫液体发报机的新设备。

我们听到的声音都是由振动产生的，包括人的声音也是声带振动发出的。

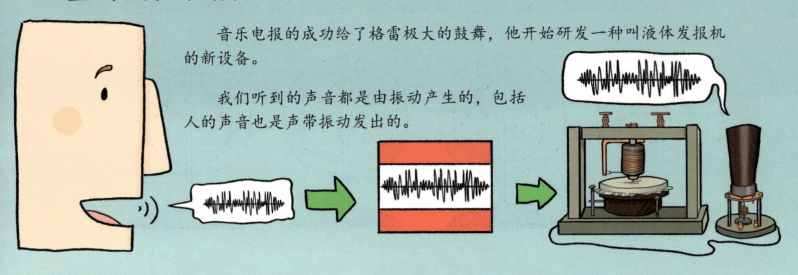

格雷意识到当振动通过空气传播触及一个表面时，会让这个表面也产生振动。液体，比如水的表面被振动触及就会产生波纹。于是，格雷用一种类似鼓皮的材料覆盖在液体表面，用来收集声音的振动，再把振动转换成脉冲电流。只要能再把脉冲电流转换回声波，就可以把声音从一个地方传输到很远很远的地方了。

哇！格雷破解了技术关键，这可真是个重大发现！

液体
发报机

　　格雷的液体发报机就是一个长得像鼓一样的设备。当声音触及鼓面，让鼓面产生振动，之后振动再传递到一根针上，针的振动会让通过的电流随着振动变大或变小。强弱变化的电流通过电线输送到另一端后，再转换回振动。

专利申请抢先跑

格雷坚信他的新发明会带领世界进入有声电报的时代。1876年2月，他为这个最新、最伟大的发明提交了专利申请登记（相当于专利申请，只是没有审查环节）。

格雷当时还不知道，就在同一天，另一个人也递交了电话的专利申请……

审查官有太多专利申请要审查。你能圈出这一页的申请文件吗?

科学大秀场

1876 年，美国为庆祝独立一百周年，在费城举办世界博览会。

世界博览会

在美国向世界展示其工业技艺的同时，其他国家的发明家也都前往现场展示他们的发明和发现。

嗷～

令人叹服的发明家

格雷虽然提交了液体发报机的专利申请登记，但是还没有制作出实物。他只好先展示他的另一项发明——多功能电报设备，它可以同时发送8条电报信息，这还从来没有人做到过。人们被格雷的发明深深地折服了……

更令人叹服的发明家

　　但是，人们很快把注意力转向另一个发明家——亚历山大·贝尔。贝尔公开了他的新发明——磁电电话机！

　　没错！格雷想要做出的发明，已经被贝尔抢先一步做到。贝尔顿时抢走了所有的风头。

人们转身围住了贝尔，为那个可以传递人声的机器惊叹不已。每个人都想亲眼看看那个神奇的发明，包括巴西皇帝佩德罗二世，他因为过于震惊喊出了一句名言："我的天哪！这个钢铁做的玩意儿竟然会说话！"

专利剽窃疑云

格雷很生气，他觉得自己的发明被人抄袭了，于是发起了旷日持久的法律诉讼。法庭围绕着"贝尔是不是剽窃了格雷的成果"展开了激烈的辩论。

你觉得真相是什么？是贝尔剽窃了格雷，还是纯属巧合？

格雷的插图

贝尔的电话专利申请里没有用到格雷的液体发报机，这似乎说明他确实自己想出了另一套传递声音的方法。但是，贝尔制作的电话实物却使用了和液体发报机类似的结构。可话又说回来，那些结构，在贝尔早期的发明里也使用过……

另一方面，格雷在 2 月提交的专利申请中附有一张电话概念插图，贝尔则被发现 3 月时在自己的笔记本上画了一个相似度惊人的插图。有一种说法是贝尔花 100 美元买通了一个叫威尔伯的专利审核员，因此得到了格雷的专利申请文件。而贝尔则发誓根本不存在这回事。威尔伯一会儿承认指控，一会儿又反悔，信誉扫地，背上了"骗子"的骂名。

贝尔的插图

　　贝尔和格雷的专利申请中仍有相当大篇幅的内容截然不同，这场纷争以法官裁定贝尔没有剽窃格雷的发明成果而告终，贝尔成为第一个发明实用电话的人。

荒诞的赛跑传说

民间广泛流传着这样一个故事，格雷和贝尔"比赛"谁先跑到专利局，结果贝尔先到，所以是他而不是格雷拿到了专利。

尽管两人都是在 2 月 14 日那天提交了专利申请，但跑步比赛这个说法纯属虚构。实际上，究竟两人谁捷足先登一直存在争议。从资料来看，贝尔的专利被记录为 2 月 14 日收到的第 5 项，格雷的专利被记录为这天的第 39 项，但据说这是由于贝尔的律师要求专利局的接待员立即将贝尔的专利申请交给专利审查官员。

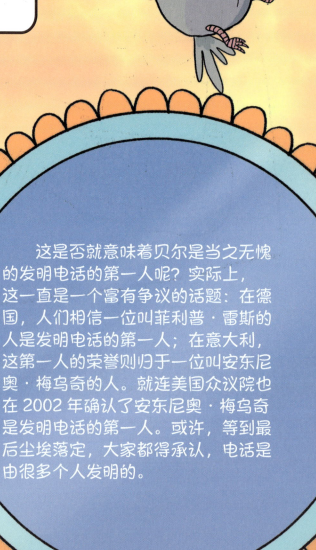

这是否就意味着贝尔是当之无愧的发明电话的第一人呢？实际上，这一直是一个富有争议的话题：在德国，人们相信一位叫菲利普·雷斯的人是发明电话的第一人；在意大利，这第一人的荣誉则归于一位叫安东尼奥·梅乌奇的人。就连美国众议院也在 2002 年确认了安东尼奥·梅乌奇是发明电话的第一人。或许，等到最后尘埃落定，大家都得承认，电话是由很多个人发明的。

比赛开始，你能找到通往专利局的路吗？

不放弃的"钢琴家"

尽管自己最伟大的发明没能申请到专利，格雷也没有放弃发明创造。

即使很不甘心，格雷还是放下电话这件事，重新捡起了他的音乐电报，不断改进，然后满世界去"巡演"。

1877 年，格雷在纽约举办了一场音乐会，请一位叫弗雷德里克·博斯科维茨的钢琴家，在另外一个城市——费城，用他全新改进的 16 键音乐电报机演奏。数百人拥进现场聆听这场电子音乐会，反响相当好，于是格雷又接连举办了 5 场。

　　但人们普遍认为这个发明只是一个新颖的玩具，趣味性多于实用性，不像电话那样拥有划时代的意义——改变了世界，也让发明者贝尔的人生有了翻天覆地的变化。

你知道吗? 格雷一生总共拿到了 70 多项发明专利。在他生命的最后一年, 他开始研究水下信号设备, 这样即便船在海上, 也可以接收信息。1901 年, 格雷去世。这项只进行了一年的项目, 被他留给了他曾经就读的欧柏林学院, 交给那里的学生继续研究。

格雷发明了很多有意思的设备, 包括但不限于以下几种——

电梯指针信号器: 电梯停在哪层楼, 指针就指向对应数字的设备。

音乐电报机：通过琴键来操控振动
的电磁线圈，以发出不同的声音。

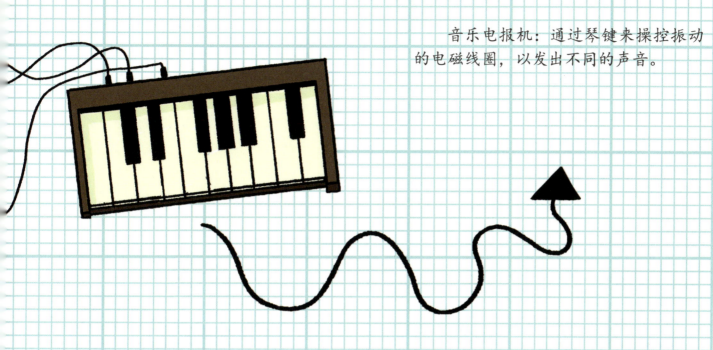

电报传真机：可以远距离传输信息，原理类似电报传输
摩斯密码，是现代传真机的前身。

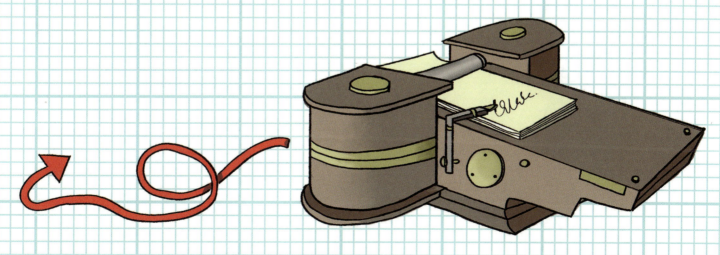

热心的"和事佬"

　　缺少正规的教育，过着捉襟见肘的生活，电话发明被别人抢先，这些都不能熄灭格雷对科学发明的热情。终其一生，他都在不停地发明创造，而且还不遗余力地进行科学普及工作，希望人人都能爱上科学。

　　19世纪，工业革命为世界带来了剧烈的变化，但人们关于科学与宗教的观点仍存在着很大的分歧。格雷甚至还撰写了《自然的神迹》系列书籍，尝试让科学和宗教的斗争有所降温，从而让科学更好地发展。

人要向前看

　　与当时大多数深奥的科学书籍不同，格雷写的书尽量使用简单的词汇和语言，这样任何对科学感兴趣的人，不管有没有接受过正规教育，都能读得懂。很多人因为追不上科技和思想的剧变而担心被所在的时代抛弃，格雷可不想抛弃他们，他想要每个人都能更好地弄明白"科学"这件事，包括科技如何促进了人类社会的进步。

　　"总有人抱怨现代发明和现代文明，总是对爷爷辈、太爷爷辈时期的生活念念不忘，'那时生活多简单啊''那时人可没有这么累'。"格雷写道，但是"每个人都可以为这场轰轰烈烈的变革做出贡献，即使不能在研究和思想领域做贡献，至少可以对科技带来的好处心存感念。人要向前看"！

　　尽管格雷痛失"电话发明第一人"的名头，但他不懈的努力却影响了后世的科学进步。

第一个发明实用电话的发明家：
亚历山大·贝尔

　　亚历山大·贝尔，1847年出生在英国的苏格兰，年少时痴迷于捣鼓各种发明。十几岁时，为了帮助开磨坊的邻居，他发明了人生中第一件实用工具——一台由刷子和桨叶组成的奇异装置，可以更快速、更有效地给麦粒去皮。

　　后来，贝尔的妈妈丧失了听力，他尝试用各种办法跟妈妈交流，比如手指敲击或者辨别噪音的震动。在这个过程中，贝尔对声音的传播产生了浓厚的兴趣。身为演说家的爸爸见此情形，鼓励贝尔钻研声音科学，甚至让贝尔兄弟三人参与了一项模拟人类发声的"机械脑"的研发实验。声音科学由此成为贝尔终生的课题。他花了很多时间为聋哑人士提供语言治疗，教授他们手语和唇语。

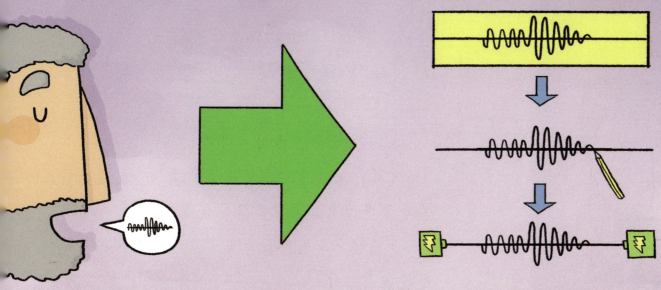

　　工作的同时，贝尔喜欢做实验、搞发明。他曾经制造出一台机器，可以根据声波的振动在烟熏的玻璃上画出声音的波纹。他把它叫作 "声波记振仪"。这让他进一步思考，他是否可以制造出一种与声波同步的电波。经过长年累月的研究和实验，他终于发明了第一部可用的电话。

　　在 19 世纪工业革命的浪潮中，一系列重要的发明，如金属探测器、飞机，都有贝尔的重要贡献。不过，他最有名的发明专利当然是电话，但一开始他并不知道，他并非当时唯一发明了电话的人。

　　因此，这本书的主角不是贝尔，而是这位几乎和贝尔同时发明电话的人。现在请大声说出他的名字——伊莱沙·格雷。

贝尔与格雷

亚历山大·贝尔

- 1847 年生于英国苏格兰。

- 既在家接受父亲和祖父的辅导，又在苏格兰爱丁堡皇家高等学校接受正规教育。

- 持续多年教授聋哑人手语、唇语，并为其提供语言治疗。

- 12 岁研制出第一项发明——麦粒去皮机。

- 两位富有的赞助人：一位是律师加德纳·哈伯德，也是他后来的岳父；一位是托马斯·桑德斯，这位有钱的皮具商人是贝尔一位聋哑学生的父亲。

- 一生有 18 项发明专利。

- 他在电话中讲的第一句话是说给他的助手托马斯·沃森听的，他说："沃森先生，你来下。我这边需要你。"

伊莱沙·格雷

- 1835 年生于美国。

- 从未接受完整的正规教育。

- 当过奶农、铁匠、木匠和门卫。

- 30 岁完成第一项发明——自动电报中继器。

- 牙医塞缪尔·怀特给他提供了研究经费。

- 发明了世界上第一台音乐电报机。

- 一生获得 70 多项发明专利。

- 撰写了 4 部关于科学与自然的书籍。

比名次更重要的

——焦东雨

谁不想当"世界第一"呢？

毕竟，多少有点地理常识的人都能脱口而出——世界第一高峰是珠穆朗玛峰，却少有人能说出世界第二高峰叫什么。这就是屈居世界第二的尴尬和遗憾。

其实"世界第二"们同样熠熠生辉，他们的故事之精彩不亚于"世界第一"。重点是，读罢这套书，小朋友会悄然变身"百事通"，随时开启"竞答"模式——**你知道世界上第二个环球航行的航海家是谁吗？你知道为什么澳大利亚有袋鼠、考拉，却没有大象吗？你知道为什么北极狐是白色而沙漠狐狸却是棕色吗？你知道世界上第一台电钢琴是如何发明的吗？**

除了知道很多问题的答案，还会生出更多疑问，这正是孩子们向着知识深海进一步探索和遨游的新起点。培养阅读兴趣和获取知识之余，小读者们还可以获得更多对他们未来人生至关重要的启发。这可能远比单次考试第一重要。说不定我们也可以在第二名身上挖掘出宝贵的闪光点，然后厚积薄发，为以后成为第一名打好基础！

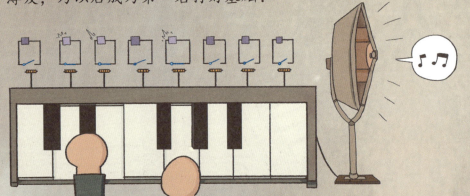

（一）培养广泛的爱好

当今社会，人人都处在"内卷"之中。正在阅读的你是不是也是如此？学业与功课的压力、兴趣与特长的角力、长辈与社会的期许……但在竞争苦海中，有时候，我们不得不破除学习至上的教条。换句话说，**在轰轰烈烈的人生考试大关来临之前，孩子们也需要开阔视野、培养兴趣**。这是《世界第二》这套书给我的第一点启发。

读了《世界第二》这套书，你肯定会留意到，世界第一、第二的创造者们，**在他们的童年、少年时期，都有着广泛的兴趣爱好，有着探究未知的强烈愿望**。

比如发明实用电话的贝尔，年少时就痴迷于捣鼓各种发明，为了帮助开磨坊的邻居，十几岁就发明了一台由刷子和桨叶组成的装置，可以更快速、更有效地给麦粒去皮。再比如研究进化论的达尔文，从小热爱自然，痴迷于收集各种动植物标本。课余时间乐此不疲地收集甲虫，练习制作标本。

假如，贝尔和达尔文的父母，在孩子"不务正业"时，及时、负责任地责令孩子回到书房去做考前模拟，也许他们会考一个好大学，未来会成为一个好雇员，但也很有可能世界第一的发明创造就另有其人了。

父母应多带孩子到处走走看看，鼓励孩子多探索，多尝试，多试错。然后，再鼓励孩子锁定重点目标，深入钻研。

（二）探索是通往成功的梯道

好奇，爱探索，看见什么都想试一试，是孩子的天性。如果家长留意到孩子持续专注于某事，也许那便是他的兴趣所在。

在小学之前，鼓励孩子广泛培养兴趣，"全面撒网"！等到孩子再大一些——课业压力开始出现了，心智逐渐成熟了，也有了自己的喜好和决断，就可以"重点捕捞"！**哪些只是好奇贪玩，哪些才是真正热爱？哪些只是习惯使然或父母要求所致，哪些无论困难挫败也能持之以恒？**

孩子处于决断的中心位置，家长在外围提供辅助与引导。要知道，在《世界第二》这套书所讲述的年代，孩子们的家长还没有足够的精力或清晰的意识来引导孩子辨明方向，孩子们大多都是靠自己在生活中摸爬滚打、不断探索，才做出了选择。研究进化论的华莱士，14岁开始跟着哥哥做勘测工作，发现自己热爱贴近自然的户外工作，经过大量研读，选定了自然科学研究为未来发展方向。环球航行的德雷克儿时常听叔叔讲述海上冒险的故事，渴望成为水手，十几岁便开始在船上当学徒，最终成为一代船长。

尽管他们的选择在客观上受到家庭经济条件影响，但是他们幼年时培养起来的兴趣却更为重要。**只有自己真正产生了热爱之心，才能激发出强大的抗挫能力，最终持之以恒、勇往直前。**

（三）迎难而上地守护梦想

在选定了自己真正的兴趣所在之后，万里长征才迈出了第一步。到底是不是真正感兴趣、真正热爱？时间能给出答案——**不管学校课业有多重，不管考试压力有多大，也不管过程中遭遇了多少挫败、付出了多少时间和辛劳，都能不厌其烦、不言放弃，直至成功。这其实适用于所有行业，也是人生一辈子的修行。**

比如《世界第二》这套书中的发明家格雷，他儿时喜欢上学，对科学兴趣浓厚，但12岁那年家庭变故导致他被迫中断学业，只能回到家庭农场劳动养家。人生不能假设，但如果他就此做一个农夫呢？或者向命运低头，做他并不擅长的铁匠、木工或奶农呢？

十年之后，格雷重返校园，但不幸的事情又发生了，他又因病辍学，重返农场，组建家庭。如果他就此安于"老婆孩子热炕头"的天伦之乐呢？

再比如华莱士，当他结束亚马孙雨林探险，满载而归却遭遇海难，耗时数年的笔记和标本都沉入海底，如果华莱士就此偃旗息鼓、一蹶不振呢？

无论是考试、升学，还是从事开创性的事业，又或者只是过好平凡的一生，人生都难免一波三折，需要有百折不挠的顽强毅力。

如果能做好以上三点，别说考第一了，也许，一不小心就创造个世界第一呢！

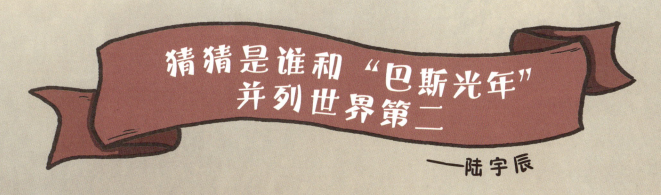

猜猜是谁和"巴斯光年"并列世界第二

——陆宇辰

　　拿到这套书，我想令人眼前一亮，也令人印象深刻的一定是封面上大字加粗的"世界第二"。第二名，听起来挺厉害的，可是又好像一直以来都没那么有名气——没办法，我们人类就是这样，非常崇拜第一名，却不太记得起第二名。

　　想想生活中的场景吧：夸赞别人时，我们说"独占鳌头、首屈一指"；激励自己时，我们说"勇夺桂冠、力争上游"；描述遗憾时，我们叹一口气说："真可惜，只差一点点就是第一名了！"

　　在整个人生成长过程中，我们似乎一直被教育着"要争第一名""要第一个完成目标"，究其原因，正如本书所述："人们很容易记住第一个做出惊人之举的人，可是第二个呢？"这个问题还有一个更通俗的版本：**"人们只会记得尼尔·阿姆斯特朗，却不会记得谁是第二个登上月球的人。"**真是可悲呀，即使获得那么大的成就，那么了不起，第二名也远没有第一名那般引人注目。

　　好在这个问题现在解决了一部分，因为看了这套书，你就会知道：第二个环球航行的航海家是弗朗西斯·德雷克，第二个研究进化论的科学家是阿尔弗雷德·华莱士，而伊莱沙·格雷是第二个申请电话发明专利的发明家。

　　不仅如此，我还可以回答前面那个问题——第二个登月的人是巴兹·奥尔德林，和阿姆斯特朗同乘阿波罗11号的登月舱驾驶员。在皮克斯动画制作的《玩具总动员》系列里，"巴斯光年"的名字就来源于他。

　　作为"第一个登上月球的人类"，阿姆斯特朗因一句"这是一个人的一小步，却是人类的一大步"的豪言壮语而家喻户晓。明明是同一飞行器上的同伴，一个受人追捧，另一个似乎颇受冷落，奥尔德林自己又如何看待这种差异呢？

　　奥尔德林还真的回答了这个问题。在登月十周年的庆祝活动上，一名记者打趣地问："作为阿姆斯特朗的同行者，你是否可以谈谈第二名的感受呢？"奥尔德林微笑着回答："**我也同样创造了第一，阿姆斯特朗是第一个登月的人，但回到地球时，是我最先迈出太空舱的！所以，我是从别的星球来到地球的第一人。**"

　　看吧，第二名也有很多值得被知道的事情。

　　正如"巴斯光年"奥尔德林所说，即便不是广为人知的"世界第一"，哪怕只是"世界第二"，甚至是"世界第三""世界第四"……也可能在其他领域、其他角度、其他情境下拥有非凡成就。

在《世界第二》这套书里，每个故事的最后，都有一页对比"世界第一"和"世界第二"的"人生清单"。有的后来者站在先驱的肩膀上，开拓了新的成就；有的后来者在对前者并不知情的情况下采用了新方法，再次检验并验证了科学成果。这些"世界第二"们在不同的领域带给了人们更深刻、更宽广的认知，也为"世界第三""世界第四"……"世界第一百"……的新发现、新成就奠定了基础，人类的历史不就是这样一步一步突破的吗？

德雷克与他的手下在西班牙船只的追捕下，成功横渡太平洋。很多年后，他又率领英国舰船打败了西班牙"无敌舰队"，使英国成为新的海洋霸主。

华莱士补充了"自然选择"理论，促使达尔文写成了《物种起源》一书。

格雷与贝尔的电话专利之争持续十多年，虽然在法官裁定下成为"世界第二"，但他无疑也是涉及电话专利的发明家之一。除此之外，从未受过完整正规教育的他热爱科学探索，一生获得 70 多项发明专利。

错过"世界第一"是否就失去公众的青睐，是否意味着抱憾终生？"巴斯光年"与这套书的三位主人公都给出了自己的答案。

亚马孙河不是世界第一长河，但它却是世界上流量和流域最大、支流最多的第一大河，河流量达每秒 21.9 万立方米，比其他三条大河——尼罗河（非洲）、长江（中国）、密西西比河（美国）的总流量还要大几倍！

那么，你们的答案呢？

谜题答案

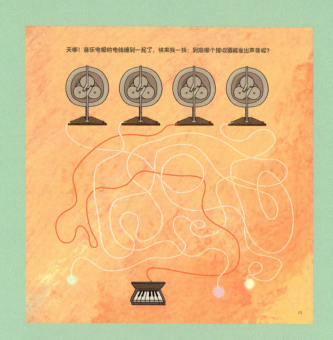

你做对了吗？

－小竹马童书－

世界第二系列科普绘本